To Live Happily Every Day

ひとり暮らし

月15万円以下で毎日楽しく暮らす

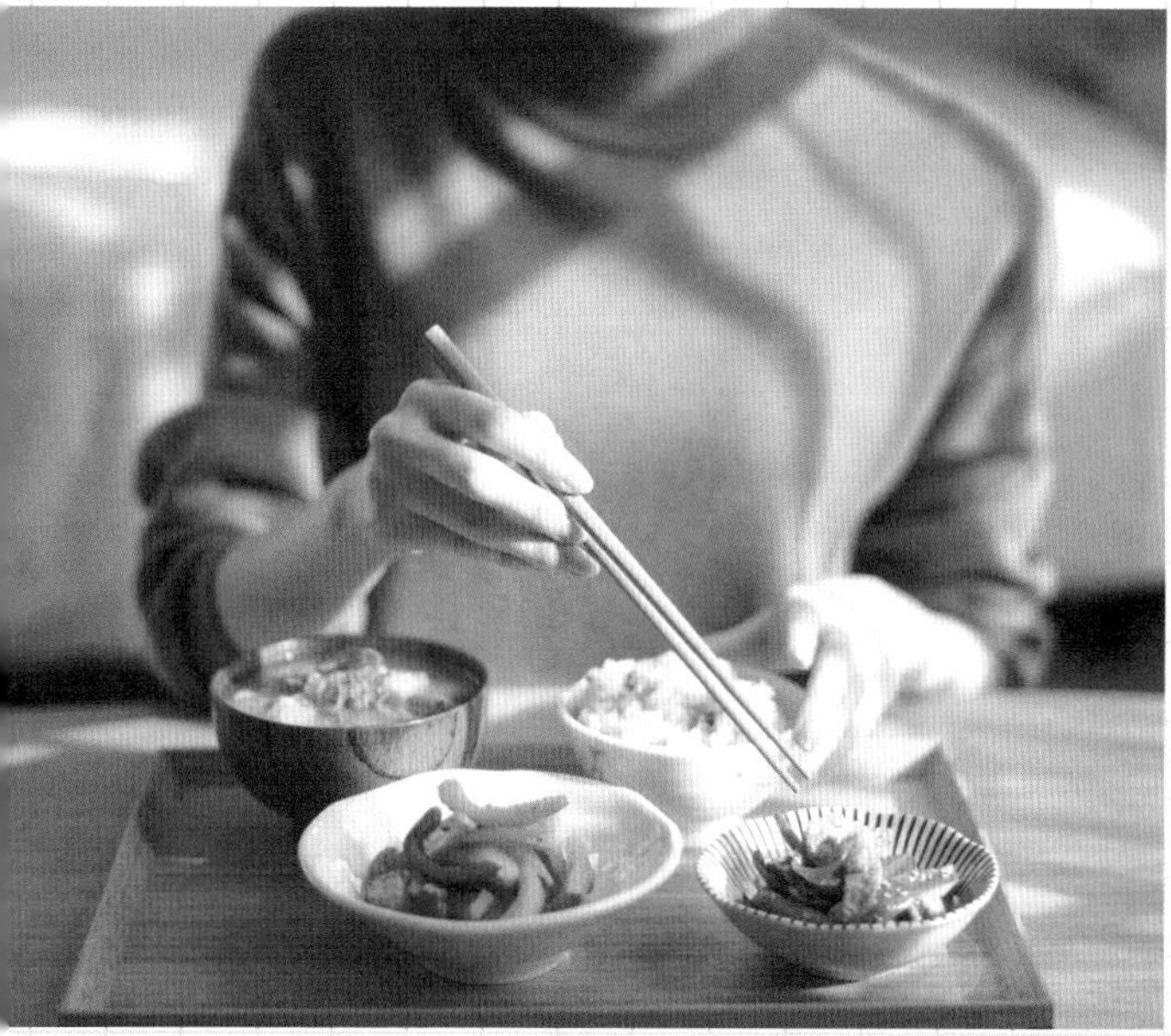

はじめに

暮らしを、人生を楽しむのに、
「お金」は最重要条件じゃない…
そんな気運が、近年高まっているように感じます。

もちろん、お金があるに越したことはないけれど、
今はお金をかけずに美味しいものを食べ、
趣味を満喫する方法がたくさんあります。
そして、限られたお金で上手に工夫するからこそ、
得られる充実感があります。

本書では、大人気ブロガー、インスタグラマー、
ユーチューバー計7人の方にご登場いただきました。
年齢や職業、バックグラウンドも様々ですが、いずれも
「月15万円以下」の支出で、ひとり暮らしを満喫されている方々です。

自炊で野菜たっぷりの定食メニューを楽しんだり…
物を減らして、シンプルライフと節約の両方を叶えたり…
プチプラを着回して上手におしゃれしたり…
「積極的巣ごもり」で家時間を充実させたり…
「使うとき」には思いきってお金を使ったり…

「生き方上手」さんたちのアイデアがたっぷり詰まっています。
どうぞご堪能ください。

すばる舎　編集部

CONTENTS

#01 Mimi (25歳)

仕事：社会福祉士

住まい：1K

月の支出：12万円

Instagram：@mroomi___

フォロワー8.2万人

※フォロワー数等は2021年3月23日現在の数字

#02　なち（32歳）

仕事：会社員

住まい：1LDK

月の支出：14万円

Blog：ひっそり暮らし

『ひっそり暮らし』（大和書房刊）

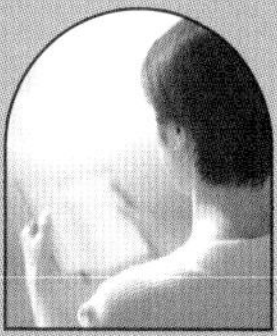

#03　nanoha（30歳）

仕事：会社員

住まい：1K

月の支出：15万円

YouTube：nanoha style

チャンネル登録者数4.39万人

#04　りお（20代）

仕事：契約社員

住まい：1K

月の支出：10万円

YouTube：りおの節約生活。

チャンネル登録者数2.73万人

#05 トモ (46歳)

仕事：会社員

住まい：3LDK

月の支出：15万円

Blog：Tomolife

継続10年

#06 あおみ（30代）

仕事：パート

住まい：1R

月の支出：10万円以下

YouTube：結婚願望ゼロ独身パート勤務の暮らし

チャンネル登録者数 7.35 万人

#07 ショコラ（65歳）

仕事：パート

住まい：1LDK

月の支出：12万円

Blog：60代一人暮らし
大切にしたいこと

『58歳から日々を大切に小さく暮らす』（すばる舎刊）

#01 | Mimi

年齢：25歳

居住地：首都圏

仕事：社会福祉士
（地域包括支援センター勤務）

ひとり暮らし歴：1年9ヵ月

1ヵ月の支出：12万円

大学で社会福祉を専攻。高齢者の相談を受ける仕事はとてもやりがいがある。収入の半分近くを貯金。業務スーパーをフル活用し節約生活を楽しむ。等身大で発信するインスタグラムは全年代に支持され、フォロワーがたちまち8万人超に。

住まい

1K（6.5畳）

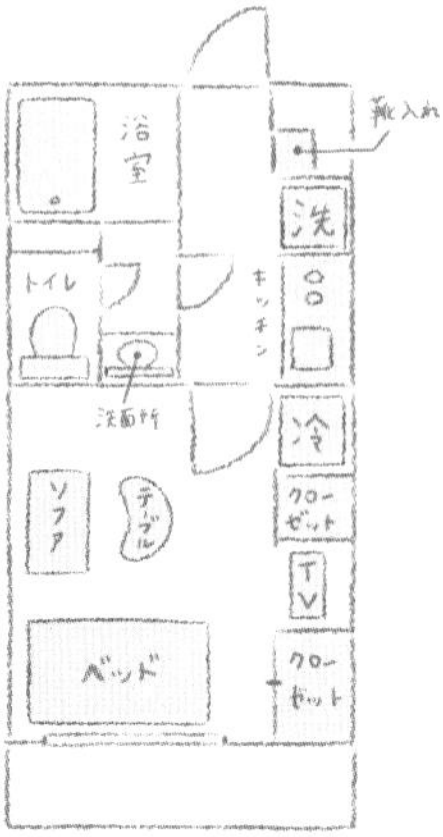

Instagram

@mroomi___

フォロワー8.2万人
（2021年3月23日現在）

ボーナス・昇給のほとんどない職場、収入の半分近くを貯蓄に回して

毎月の収入は手取り23万円。少なくとも月10万円は貯金するように心がけています。残業することなく毎日定時に帰宅できる仕事で、同年代の中では給料は多いほうかもしれません。でも、賞与はほんのわずかな額です。

また、昇給することはほとんどなく、10年後も今と同じ給料になります。むしろ控除額が増えて、手取りは減っているかもしれません。そのため、今のうちから貯金をして、様々なライフイベントに備えなければなりません。

ひとり暮らしを始めるとき、実家からでも通える距離だったので、「ひとり暮らしは貯金が難しいからやめたほうがいい」と、周りの人から言われていました。でも、ひとり暮らしでも節約をがんばれば、きっと貯金できるはずです。

実家にいたときと同じくらい貯金をして、みんなを驚かせてみせるぞ！と意気込んで、ひとり暮らしをスタートさせました。

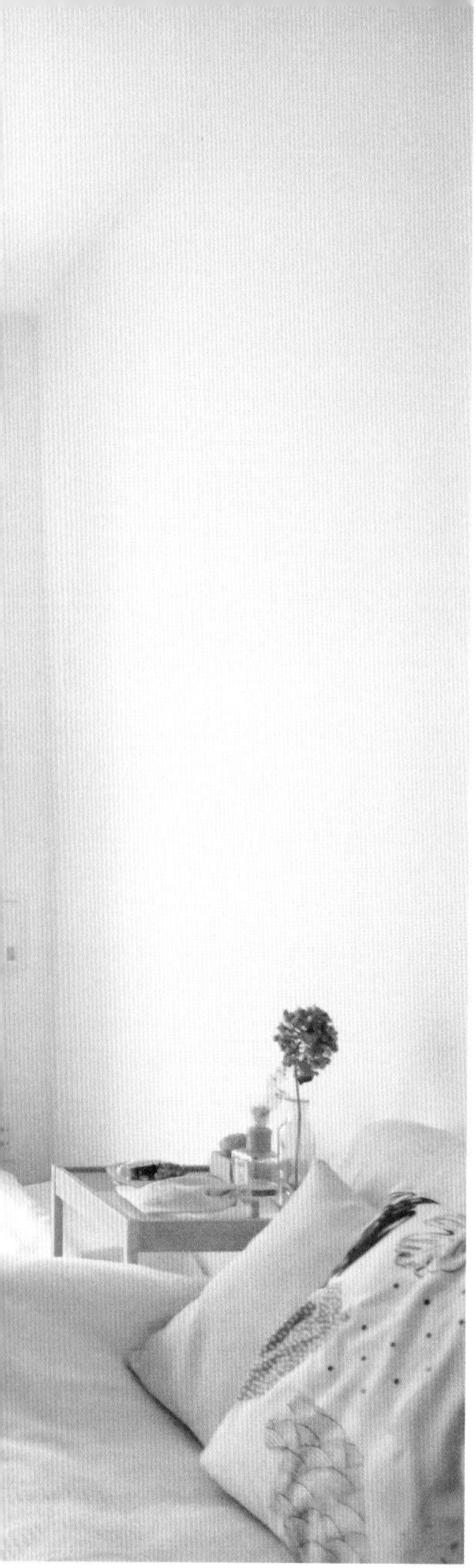

始めた当初は月にどのくらいお金を使っていいのかわからず、変に節約を意識しすぎて、お肉をいっさい買わないような、切り詰めた生活をしていました。でも、それは身体に良くないですよね。

現在はひとり暮らしも軌道に乗り、無理のない範囲で楽しく節約しています。節約を苦痛と感じたことは一度もありません。節約が生活の一部として習慣化され、趣味になりました。今は、通帳の数字が増えていくのを見るのがとても楽しみです。

収入の半分近くを貯金している私ですが、初めから節約志向だったかというと、そうではありません。学生時代はカフェ巡りが好きで、アルバイト代（月5万円）の半分を

カフェ代に使っていました。

週末は友人と1日にカフェ3軒ハシゴするのが当たり前でした。今考えると、毎週カフェ代に5000円ほど使っていたので、恐ろしい出費です。

また、実家暮らしをしていた新卒時代（手取り月17万円）は、飲み会や遊びの誘いは予定が合えば必ず参加したり、欲しいと思った洋服は気にせず何着も購入したり、必要以上にお金を使っていました。

洋服の買いすぎで、クレジットカード利用額が月4万円ほどあったこともしばしば……。当時は実家暮らしだったので、それでも貯金はできていましたが、ひとり暮らしでこのような生活を送っていては、貯金はほとんどできないと思います。

ひとり暮らしをきっかけに節約意識も高まり、気の進まない飲み会にお金を使うのはもったいないと考え、断る勇気を身につけました。今は自分が会いたいと思う人に会えれば十分です。

また、ワンルームだとクローゼットも小さいので、洋服を買う頻度が減ったという理由もあるのですが、1枚1枚に愛着をもって大切に扱うようになりました。

食費1万円、水光熱費4000円。こまめな節約をゲーム感覚で楽しんでいます

私はスマホの家計簿アプリで支出を管理しています。買い物をしたら、忘れないうちにすぐ記録したいので、手書きではなくアプリの家計簿を使っています。

平日にお金を使うことはほとんどなく、月の約半分はNMD（No Money Day＝1日にお金をいっさい使わない日）です。家計簿を続けるうち、できるだけ支出額を打ち込みたくない！という思いが芽生えてきました。

たとえば、甘いものが食べたいからコンビニに行こうか悩んでいるとします。でも、スイーツを買ったら家計簿に記録しなくてはいけない。今月の貯金額が減ってしまいます。どうしようかと悩んだ結果、やっぱり買うのは我慢しようと思えるのです。

誘惑に打ち勝つと達成感が得られ、もはやゲーム感覚で家計簿を楽しんでいます。

光熱費は月平均4000円（電気代1600円、ガス代1000円、水道代1200円前後）に収まっています。インスタグラムのフォロワー様に、どうしてそんなに安い

テレビは趣味の野球を見るとき以外、ほとんど付けません。見終わったらすぐに消します。普段はコンセントも抜いています。

節電タップを使い、待機電力をカットするようにしています。

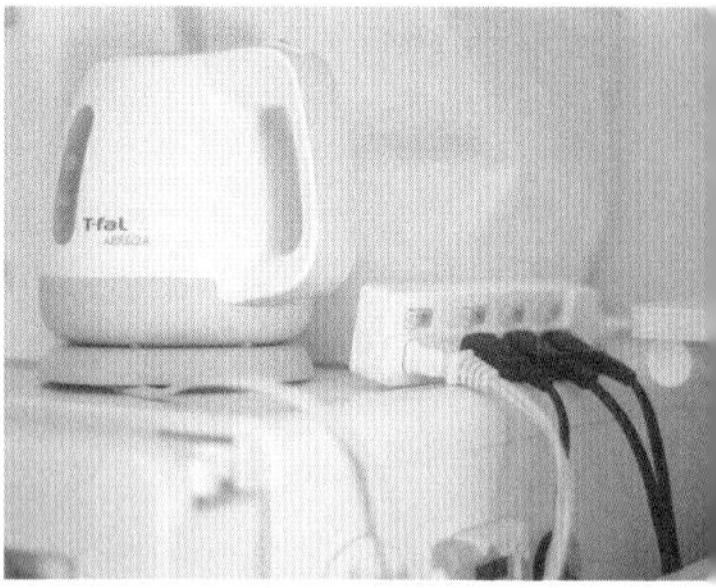

のかとよく驚かれています。
私が光熱費を抑えるために気をつけていることを、左にまとめました。

【電気代】
・テレビはこまめに消す
・なるべく早く寝る
・洗濯はお急ぎコース
・炊飯器の保温機能は使わない
・冷蔵庫の温度設定は弱〜中の間に
・コンセントはこまめに抜く
・エアコンのフィルタはこまめに掃除

【ガス代】
・蓋をして調理する
・火を鍋からはみ出させない

ある月の家計簿

住まい	60,200
食費	5,732
水光熱費	4,112
交際費	9,748
交通費	4,000
衣服	990
生活用品	3,181
クレジット払い	21,245
合計	**109,208**

（左から）マスカラもしっかり落ちるNANOAのクレンジング。化粧水と乳液は大容量の無印良品。化粧水の前に使うタカミスキンピールの角質美容液。泡立ちのすごい洗顔フォーム。

普段使いの食器はどれも百均で購入。100円で十分、おしゃれでかわいいものが揃います。

ゴールド×茶色の色合いに一目惚れしたカトラリー。器とマグカップは旅先で購入。

・フライパンは乾いてから火にかける
・電子レンジを活用

【水道代】
・ワンプレートで洗い物を減らす
・包丁、まな板は使わず、キッチンバサミを活用
・油汚れはティッシュで拭き取ってから洗う
・洗い物を減らすために、粉物をまぶすときはビニール袋を活用

歳を重ねるにつれて物欲も減り、衝動買いもほとんどしなくなりました。
ウィンドウショッピングをすると、欲しいものが出てきてしまうかもしれませ

IKEAのベッドサイドテーブルは約2000円でお手頃価格。ドライフラワーが好きなので飾っています。ティッシュケースは無印良品のもの。

洋服は無地でシンプル、何にでも合わせられるものを選ぶようにしています。ZOZOTOWNでセールを狙って買うことが多いです。

んが、おうちにいるのが好きなので、ふらっとお店に立ち寄って買い物をすることはなくなりました。

ほしいものがあるときは、狙いを定めて購入します。

自分自身にもあまりお金をかけなくなりました。洋服は1着2000円以内に抑えたいし、鞄はブランド物を1つ持っていれば十分です。

メイク道具やスキンケアも、ドラッグストアで売っているプチプラなものを使っています。

プチプラでも高見えする商品がいっぱいあるので、掘り出し物を探す感覚で、安くおしゃれを楽しんでいます。

業務スーパーをフル活用。便利な冷凍野菜で無理なく自炊生活を続けられる

食費は月1万円以内に必ず収まるようにしています。食費代に驚かれることも多いですが、ちゃんと肉や魚、栄養バランスも考えて食べています。そんな私が食費節約のために意識していることを、以下の6つにまとめました。

①買い出しは週1回のまとめ買い

ひとり暮らしだから買い出しが週1回で済んでいるのかと思いますが、スーパーへ行く回数を減らしたほうが節約できます。誘惑に負けて、よけいなものを買わなくて済んだり、時間の節約ができたりといったメリットがあります。

②外食をしないためにレトルト食品を活用

自炊するのがどうしても面倒くさい日は、レトルト食品で済ませています。外食したりスーパーでお惣菜を購入したりすると、1000円は超えてしまうので、なるべく外

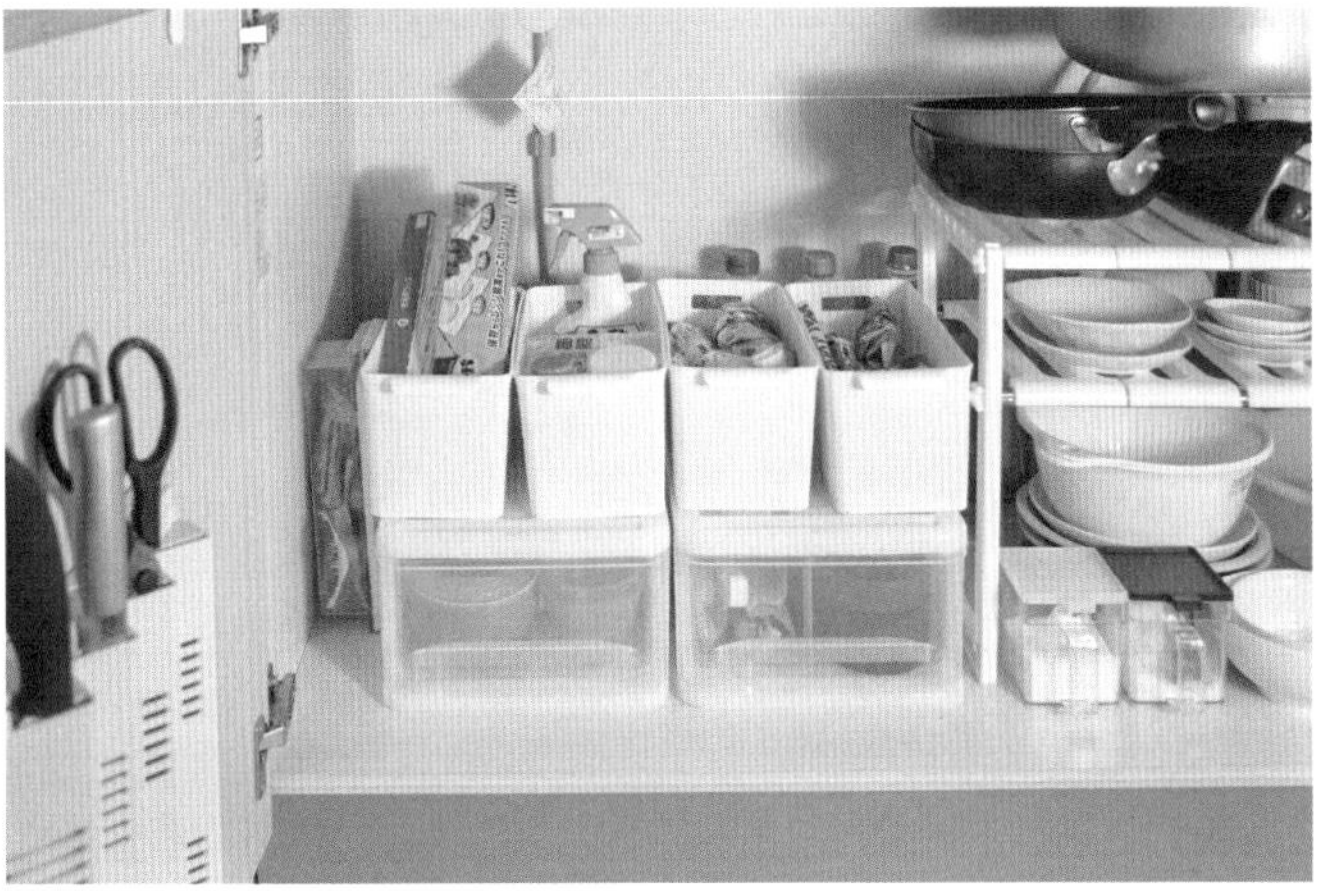

シンク下の収納。右のラックは楽天で購入しました。左の下の引き出しにはお弁当箱やタッパー、あまり使っていない食器を収納しています。

広くないキッチンなので、調理道具も数を抑えています。無印良品のシリコンスプーンは使い勝手が良く、買って良かったもの。吊るす収納を活用しています。

調理をする気力がない日も、外食せずに済むようにレトルト食品をたくさんストック。一番のお気に入りはカルディで購入の、ビビンバの素。仕事をがんばったご褒美に食べています。

で食べるのは控えています。ひとり暮らしを始めてまだ一度も、ひとりで外食したことがありません。

③アイスは箱入りを買う

　アイスが大好きなので、1個100円のアイスだと1日で食べきってしまいます。個数が多く入っている箱アイスを購入するようにしています。

④食べきれないものは買わない

　普段食べない、ちょっと変わった食材を購入して腐らせてしまったことが。なるべく日持ちがして応用が利く食材を買うようにしています。玉ねぎやじゃがいもをよく購入します。

⑤お肉は100gで100円以内のもの

業務スーパーでよく購入するもの。かぼちゃや揚げなす、カットほうれん草など、冷凍野菜がとくに便利です。簡単に一品つくれます。

冷凍庫の中は
いつもパンパンです。

職場にはお弁当持参。色合いも考えて必ず卵焼きを入れるようにしています。卵焼きはめんつゆ派。

しか買わない

わが家の近くにお肉がとても安いスーパーがあり、お肉を買うときはいつもそのスーパーにお世話になっています。とくに安い鶏肉をよく買います。牛肉はちょっとお高めなので、買うのをためらいますが、100g99円で販売しているときがあり、その日を狙って購入します。

⑥買い出しは業務スーパーを活用

インスタグラムでも業務スーパーの商品を紹介するくらい、業務スーパーを愛してやみません。大容量なのに、とてもお安い金額で売られているのが魅力です。

とくにおすすめなのが冷凍野菜です。カット済みや下処理が済んだ野菜が冷凍して売られているので、調理の時短にもなるし、なにより安い！　業務スーパーのおかげで、私は食費を安く抑えられています。

⑦ふるさと納税を活用する

2000円の自己負担だけで翌年の住民税が控除される、ふるさと納税。普段なかなか買えないような贅沢品を選ぶようにしています。昨年はホタテとイクラと桃を選びました。贅沢なものを食べられて、節約までできるなんて幸せです。

自立のために始めたひとり暮らし。好きなものばかりの部屋で過ごす時間は最高

残業はほとんどせず、いつも定時に退社しています。はやくおうちに帰って趣味の野球を見たい！という気持ちが強く、職場からどこにも寄らずに帰宅しています。休日は午前中に掃除や洗濯、買い物などの家事を済ませて午後はゆっくり過ごしています。自分の好きな家具に囲まれた部屋にいると、リラックスして過ごせるので、お休みの日に外出の予定がなくてもへっちゃらです。友人との予定が急にキャンセルになっても、むしろ節約ができるからとポジティブに考えています。

インスタグラムの投稿用の写真は休日に撮りだめすることが多いです。インスタの投稿を考えていると、あっという間に時間が過ぎています。ちなみに、私は1日平均で3時間もインスタをチェックしているそうです。

ひとり暮らしを始めて、1年9ヵ月経ちました。実家からでも勤務先に通うことがで

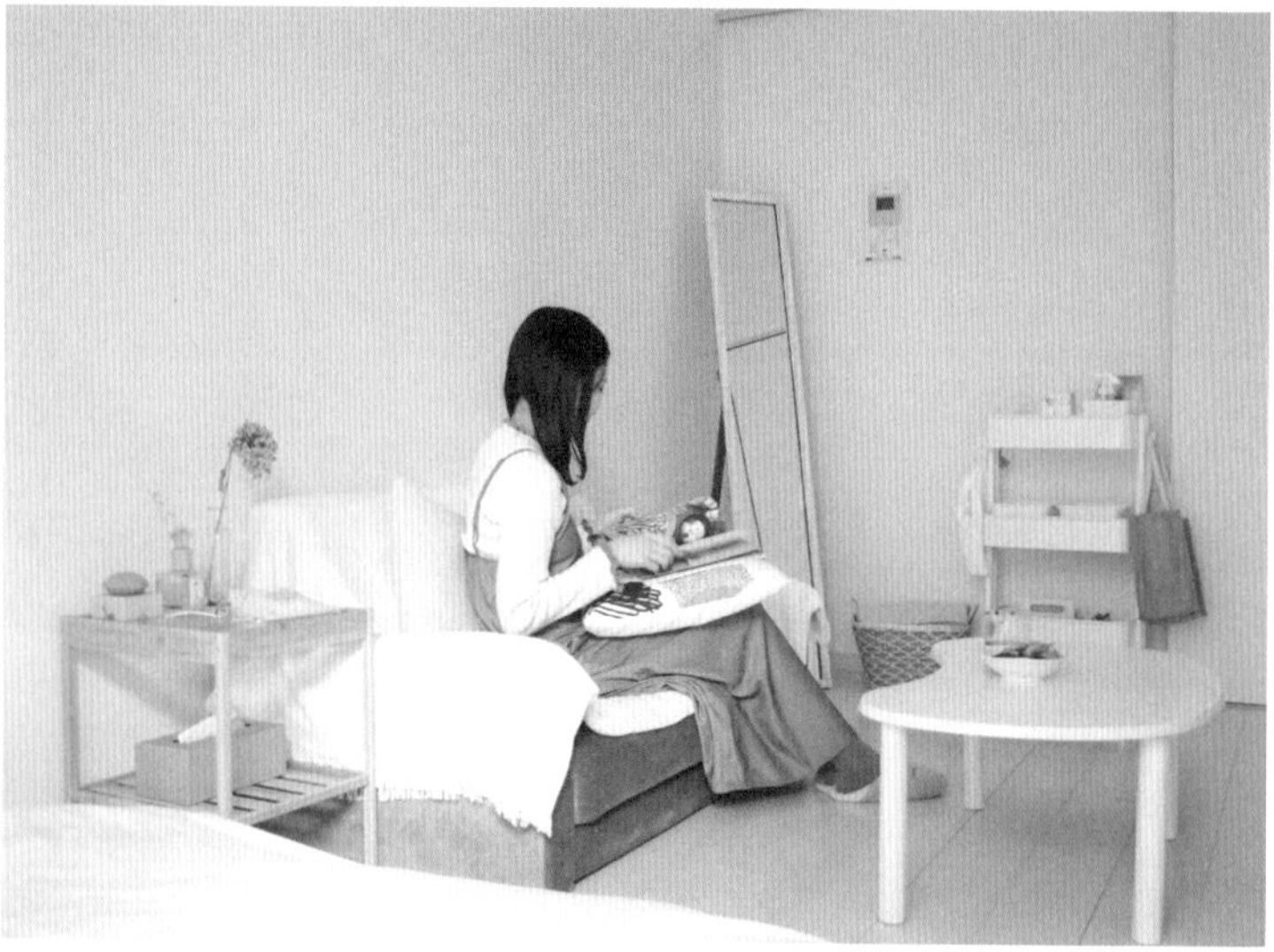

きたのですが、どうしてもひとり暮らしをしたい理由がありました。それはズバリ、「自立した大人になりたかった」からです！

実家にいた23年間、身の周りのことはすべて母がやってくれていたので、恥ずかしながら料理や洗濯、掃除の家事全般をいっさいしていませんでした。

唯一する調理は、トースターでパンを焼くことだけ。洗濯は一度もしたことがありません。

また、前職は朝の4時半に起床しなければ出勤時間に間に合わなかったのですが、母も一緒に同じ時間に起きて私のお弁当をつくってくれていました。本当に

クローゼット。収納グッズはほとんどニトリで購入。ハンガーは白で統一しています（10本190円）。この中に衣類はすべて収まるよう、だいぶ処分しました。

洗面所は「浮かせる収納」を駆使して、スッキリさせるようにしています。コップは剥がせるフックに掛けて。

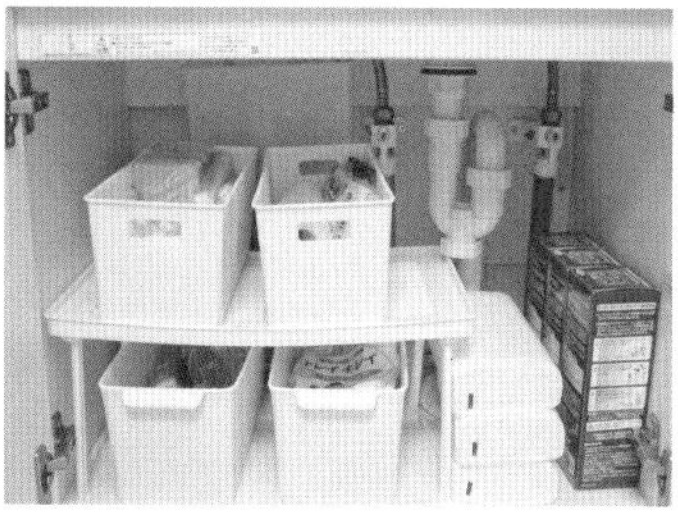

洗面下の収納。棚で高さを出し、収納力をアップさせています。キッチンと同じように、細々したものをケースに分けて保管。

IKEAのワゴンは動かすことができ、見た目もスッキリでお気に入り。上段にはティッシュボックスと掃除グッズ、中段にはスポンジなどのストック品、下段には化粧道具を収納しています。

感謝しかありません、お母さんありがとう。

両親に甘えて生きてきましたが、このままではまずい、将来苦労を知らない大人になってしまうと思い、自立した大人になるためひとり暮らしを決断しました。

節約のために毎日自炊をしていると、自然と料理の楽しさを覚え、今では自分がつくった料理をインスタに紹介できるまでに成長しました。

でも、恥ずかしながら、いまだにリンゴの皮は剥けません。皮ごとかぶりついています。

私のお部屋探しの条件は①2階以上で

あること②スーパーが近くにあること③駅近④新築⑤バストイレ別⑥家賃6万円以内でした。女性のひとり暮らしということもあり、防犯面はとても意識しました。今住んでいるおうちは駅から徒歩3分の物件なので、夜道も人通りがあり、安心できました。

家具はほとんどニトリやイケアで揃えています。一度に欲しい家具すべてを購入すると、大きな金額がかかってしまううえに、他の欲しい家具が出てきても買い替えができません。1年ほどかけて少しずつ家具を買い足しました。統一感のあるお部屋にしたくて、ホワイトとオーク材の家具で揃えています。

自分の好きなもので囲まれた部屋はとても居心地が良いです。なので、休みの日に一番したいことは、お出かけでもなく、身体を動かすことでもなく、自宅でのんびり過ごすこと。一番の息抜きです。

友人を自宅に招待することもあります。交際費がかからずに、長い時間気兼ねなくおしゃべりができるので、願ったり叶ったりです。

働きながら資格取得した社会福祉士、地域包括センターでの仕事は日々やりがいが

大学では社会福祉専攻でしたが、当初は一般企業に就職するつもりでいました。福祉の道を志したきっかけは、大学3年時に行った特別養護老人ホームでの実習です。特別養護老人ホーム（特養）には、認知症の方や自分でご飯が食べられない方、寝たきりの方などが多くいらっしゃいます。この実習で初めて介護度の重い方と直接関わり、実際に介護をさせていただきました。

大変だと思っていた介護の仕事ですが、大変以上に、個性のある様々な利用者様との交流がとても楽しかったのです。24日間の実習最終日には別れが寂しく、涙を流してしまいました。そのときに職員さんが、「あなたは福祉に向いているね」と声をかけてくださいました。その言葉が自信につながり、この実習を通して高齢者の方の生活を支えられる仕事がしたいと思うようになりました。

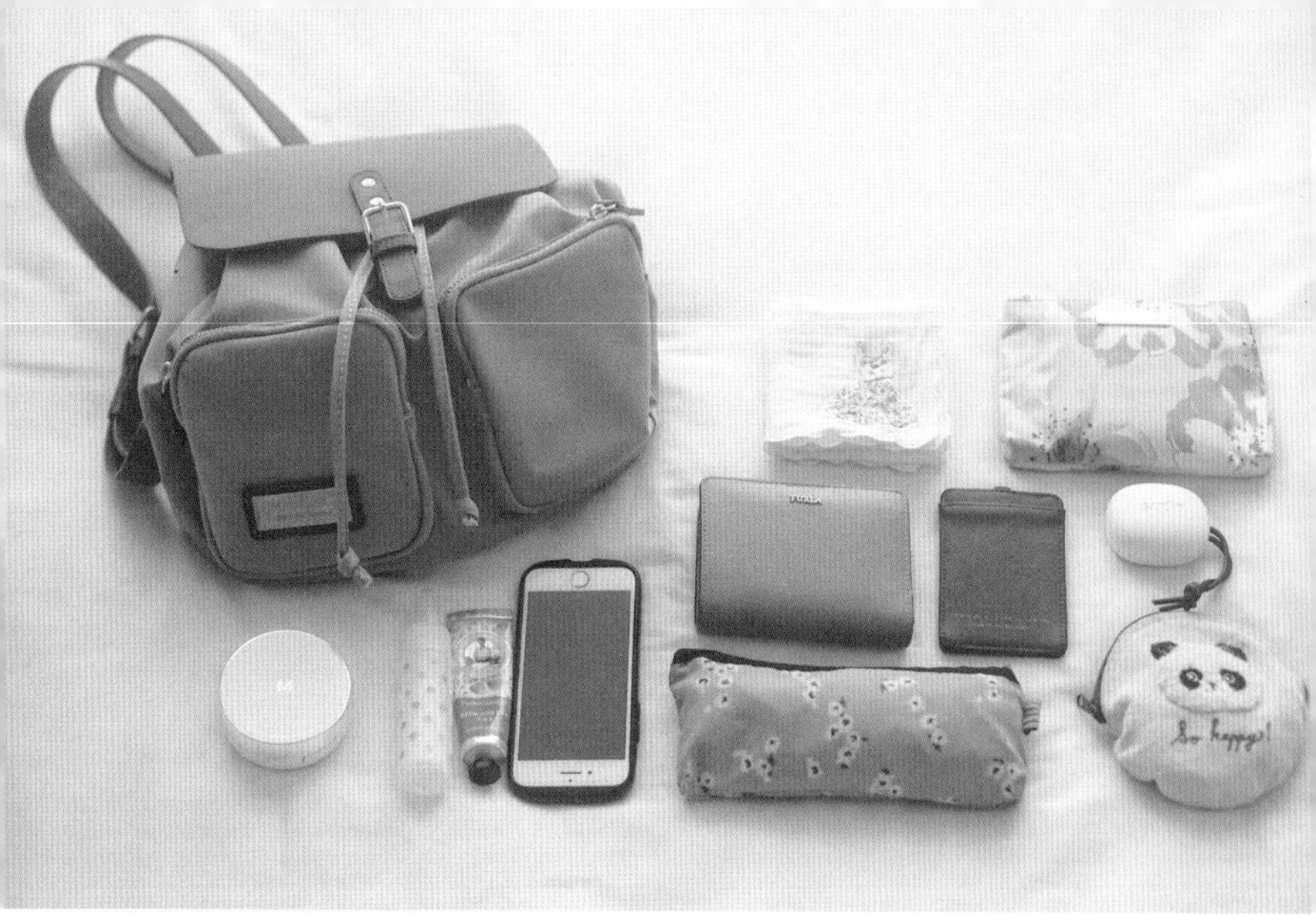

通勤バッグのスタメンです。バッグはガストンルーガのリュック。キャメル×赤の色合いが好き。お気に入りすぎて、実は2つ持っています。リップなど細々したものはポーチに入れて。

新卒で入社した会社はリハビリ型のデイサービスで、1年ほど勤務しました。こんなに笑って働ける仕事は他にないだろうと感じるほど、楽しくやりがいがありました。

でも、自宅から職場まで往復4時間かかり、朝7時過ぎから夜7時半まで、休憩もほとんどなしの12時間勤務。そんなに働いても給料は17万円ほど……。

体力がある若いうちしか働けない職場環境だと感じ、早い段階で転職を決意しました。選択の幅を広げるため、働きながら社会福祉士の取得を目指しました。

通勤時間や帰宅後のわずかな時間を使って10ヵ月、試験勉強に臨み、無事合格できました。そして、社会人2年目の6月から、現在勤務している地域包括支援センターに入職しました。

地域包括支援センターとは、保健師・主任ケアマネジャー・社会福祉士の3職種が配置され、主に65歳以上の方の生活の困り事の相談に乗る窓口です。必要なサービスや制度を紹介したりします。ご高齢だと来所が難しい方もいらっしゃるので、ご自宅に訪問して相談に乗っています。

急に介護が必要になり、どうしていいのかわからず相談に来る方が多くいらっしゃいます。介護保険の仕組みやサービスについて知らない方がほとんどです。そのような方に一から丁寧に説明し、在宅で自分らしく生活するためにどのようなサービスがあるのかをご提案させていただきます。

初めは不安そうな顔をされている方も、最後は安心した様子でお帰りになる姿を見ると、とてもうれしい気持ちになります。「相談してよかった」「話を聞いてもらえてほっとした」などと感謝の言葉をいただくとモチベーションも上がり、この仕事をしていてよかったなと改めて思います。

毎日投稿しているインスタグラム。20代の等身大の節約生活を発信し続けたい

一昨年の11月、インスタグラムで「一人暮らしの節約アカウント」を開設しました。ひとり暮らしにもだいぶ慣れて、時間に余裕があったので、新しいことにチャレンジしたいという思いから、日記感覚でインスタを始めました。

仕事終わりでも簡単につくれる料理や業務スーパー購入品の紹介、お部屋の写真や貯金額、暮らしの節約方法などについて投稿しています。毎月の収支を投稿することに恥ずかしさもあるのですが、人に見られていると思うとモチベーションも高まり、節約志向になれます。

始めた当初の目標はフォロワー様が1万人に到達することでした。そのためにも、毎日投稿に取り組んでいましたが、投稿してもなかなか伸びず……。「どうせ無理だ」とあきらめかけましたが、他のインスタグラマーさんの投稿を参考にし、画像の加工方法を工夫して、統一感のある写真を意識したところ、約半年間でまさかの1万人に。喜び

と驚きでいっぱいでした。

それから順調に伸び、現在8万人超もの方にフォローいただいております。

「応援しています」とコメントやDMをくださる方も。とても励みになっています。インスタグラムを始めてよかったなと改めて思います。

平凡なただの会社員ですが、多くの方にフォローいただき、感謝の気持ちでいっぱいです。

今後の目標は、夢は大きくフォロワー15万人！

先は長いですが、これからも自分らしく発信していけたらいいなと思っています。

#02 | なち

年齢：32歳
仕事：会社員
ひとり暮らし歴：14年
1ヵ月の支出：14万円

高校卒業後に就職、ひとり暮らしを始める。20代でマンションを購入、猫と暮らす。FPの資格を持ち、年収300万円で100万円を貯金。物を厳選したミニマルな生活を綴るブログに人気が集まる。著書に『ひっそり暮らし』（大和書房刊）。

Blog

ひっそり暮らし
https://www.hiso-kura.com/

住まい

1LDK

20代で購入したマンション。愛猫と過ごす時間をこよなく愛して

今の住まいは中古マンションです。20代後半で購入しました。高校を卒業後に就職し、社会人3ヵ月目には賃貸マンションでのひとり暮らしがスタート。賃貸を転々とした後、4度目の引っ越しで現在のマイホームに定住を決めました。

マンションを買う数年前、学生の頃から興味のあった不動産分野の会社へ転職して、住宅や金融商品に関する知識を身につけました。自主学習で取得した宅建とファイナンシャルプランナーの知識は、公私ともに身のあるものとなり、購入を強く後押ししてくれた存在です。

賃貸から持ち家へと具体的に考え始めたのは、自分のライフプランを作成したとき。今の働き方をいつまで続けるのか、定年後にどんな暮らしがしたいか、今現在の暮らしぶりはきちんとそのルートへつながっているか。時間をかけて、ひとつひとつ見つめ直しました。

私の暮らしの軸は、今も一緒に暮らしている飼い猫です。生まれたばかりの野良猫を保護してくださったご婦人から譲り受けました。この愛しい猫との時間を充実させるため、またこの先出会うかもしれない新たな猫のために、居心地の良い住宅を手に入れたいという想いがずっとありました。

そんな中で候補に挙がったのが「リノベーションマンション」です。建物は古め、部屋の中は新品、値段はリーズナブル。仕事で得た不動産の知識があったため、中古住宅や耐震性能などに過度な不安を抱くこともなく、無理のない資金計画で購入できる物件が見つかりました。

リノベーションは部分的なリフォームと違い、水回り設備はもちろん、フローリングも壁もすべて新設されたピカピカの空間です。古びた使い勝手の悪い設備で我慢していた賃貸時代から、たちまち新築気分へ。細かな部分も手入れしやすくなり、アレルギー体質の猫の健康面も安定している様子を見ると、買ってよかったと感じます。

住み心地に関して、室内以外の要素も大きく改善されました。それは入居者のマナー。繁華街や駅前エリアの賃貸に住んでいた頃は、他の入居者の思いやりのない行動から住

食事、パソコン、ネイルの作業も行うダイニングセット。2脚目の椅子には、小物の一時置きや踏み台にも使えるスツールを選びました。テーブル右にあるのはLEDキャンドルライト。

10歳を超えシニア世代に入りました。キャットタワーはほどほどに、広いベッドやチェアの上でのんびり過ごしています。

熱帯魚も飼っています。水槽の中を清掃する頻度は2週間に1回くらい。

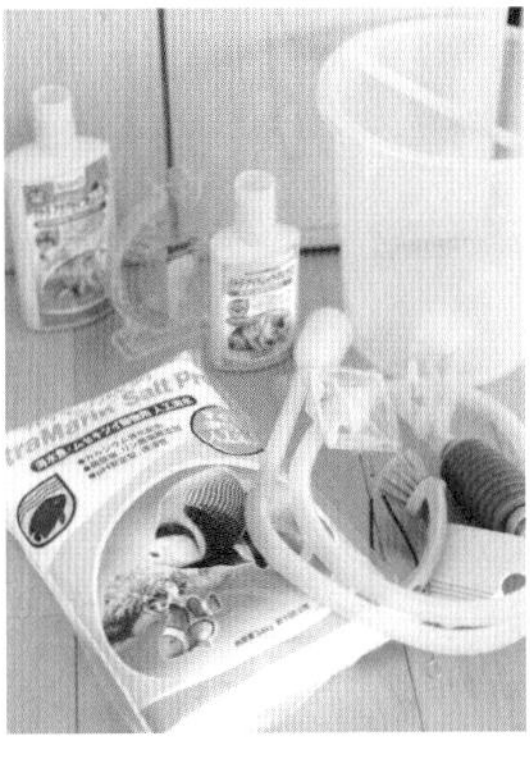

みづらさを感じることが多々ありました。廊下や階段、駐輪スペースなどでの大声、ゴミのポイ捨て、喫煙など。

賃貸マンションは数十万円の費用で簡単に入退去できてしまいますが、分譲マンションの値段は数千万円。長く住まうことを前提に購入しているため、互いに気遣い合い、時には助け合いながら良い関係性を築いています。

管理組合の理事長はマンションの管理や構造に関する知識が豊富で、総会に出席するのが楽しみなほど。現在は私もひとりの理事として、総会のお手伝いをしています。コミュニケーションが豊富なため、大地震や災害時の対応なども住民同士で共有しやすく、年数の経った建物でも安心できる住まいだと感じています。

現在同居しているファミリーは猫と熱帯魚。人間は私ひとりですが、いつでも賑やかです。10年連れ添った猫でも、不意に新しい一面を見つけたりして、毎日一目惚れを繰り返しているような感覚です。

彼らと過ごす一瞬一瞬が人生でもっとも愛しいと感じているので、日々積極的に巣ごもりを続けています。

年収300万円で年間貯蓄100万円を叶える、FPの家計管理

世の中を何も知らない18歳からのひとり暮らし。所持金は入居費用にすべて使い果たし、カバンひとつで引っ越しをしました。

憧れのひとり暮らしを満喫しようと、安易にクレジットカードをつくり、インテリア用品や雑貨を買い集めました。リボ払いの恐ろしさを知らず、多額の利息を払った過去もあります。

その日暮らしだった私でも、20代の半ばに差しかかると少しずつ将来のことを考え出し、家計を整えようと一念発起しました。正しいマネーの知識を得るために、ファイナンシャルプランナーの国家資格（2級ＦＰ技能士）にチャレンジ。自らのライフプランに落とし込むための勉強は試験勉強という感覚もなく、すんなりと合格することができました。

このとき得た知識は老後の計画や不動産購入に役立ち、また明確なライフプランから

逆算して日々の支出を見直す、という健全な家計管理が整いました。

目標から逆算して予算を組んでみると、毎年１００万円前後の貯蓄も無理なく叶えられるようになりました。


毎月の支出の予算は、貯蓄を除いて約14万円です。費目を8つに分けて、それぞれに予算を決めています。

家計簿の管理はスマホアプリ「Ｚａｉｍ（ザイム）」と小さなポケットファイル、様々な端末から利用できる表計算ソフト「Ｇｏｏｇｌｅスプレッドシート」の3つです。

基本はＺａｉｍアプリでレシートを読み込んで記録するだけです。レシートや通販の納品書はポケットファイルにざっくり保管しています。スプレッドシートは積み立てや貯蓄残高の管理のため、月末にチェック。

これまで雑誌やネットでおすすめされる多種多様な家計簿に挑戦しては、必ず挫折してきましたが、スマホで撮影するだけというＺａｉｍの手軽さに助けられています。

あるときから家計の流れを1年単位で見るようになって、消費活動が変わりました。

ある月の家計簿

住まい	44,700
自動車	28,789
通信費	7,840
ペット	3,731
光熱費	9,361
食費	8,980
生活費	1,631
積み立て	31,100
合計	**136,132**

〈 家計簿の内訳 〉

・住まい … 住宅ローンの返済と、管理費・修繕積立金
・自動車 … 給油、任意保険、駐車場の賃料
・通信費 … マンションの固定回線と、スマートフォンのSIM
・ペット（猫・魚）… 食べ物や雑貨類
・光熱費 … 電気、ガス、水道料金
・食費 … 3食とも自炊、仕事のある日はお弁当を持参
・生活費 … 化粧品や洗剤などの消耗品、趣味のもの
・積み立て … 固定資産税や定期検診などの支出を毎月積み立て

日々の支出の管理はスマホアプリのZaimで。積み立てや貯蓄残高はGoogleのスプレッドシートで管理し、月末にチェックします。

便利ツールをたくさん買ったのに、今はどれも収納の奥に眠っている。年間何十万円分も服を買ったのに、クローゼットには着たい服が見つからない……など。月々の家計簿しか見ていなかった頃は、明らかな浪費でも「今月くらいは」と甘いジャッジを下していましたが、1年単位で振り返ると冷静に無駄を見つけ出すことができました。

そして、毎月一定の予算では管理しきれない部分が多いことにも気づき、「積み立て」を活用し始めました。47ページにある家計簿の、一番下の費目です。

月々の予算が低くても無理なく過ごせているのは、この部分のおかげです。

積み立てには、数年単位〜数ヵ月単位で発生する、あらゆる支出が含まれています。固定資産税や住宅火災保険、所有資格の更新費用などは、多くのご家庭にもある定番項目。私の場合は、3ヵ月ごとのヘアサロン代や使い捨てコンタクトレンズ、毎年の歯科検診費用、シーズンごとにインナーや衣類の買い替え費用など、日々の生活に密着した数千円程度の項目も含めています。

こうした項目を毎月の家計簿に計上していた頃は支出の変動が大きく、浪費と必要経費が判断しづらくなり、家計管理を苦行に感じていました。

この仕組みを取り入れてからは、毎月の家計簿がすっかり安定し、自分の経済状況にきちんと向き合えるようになりました。

ベースを隅々まで整えて、日々の管理はシンプルに。月末にいつも慌てていた私から卒業できたことには、自分でも驚いています。

メインで使う食器は2枚だけ。ミニマムな暮らしがそのまま節約に

小さく暮らす・少ない物で生活する快適さを実感してから、あらゆるジャンルの物を見直してきました。そんな中でも、ごく少数に収まったのが食器です。たくさんの小鉢をコーディネートした食卓に憧れ、かつては20点以上持っていた食器。現在はシンプルな2つで成り立っています。

21センチのプレートと15センチのボウルを、イッタラのティーマで揃えました。

プレートは朝食と休日のブランチによく登場します。メインディッシュにサラダとパンを添えたワンプレートや、パスタ、カレーにも使えます。

ボウルは野菜たっぷりのスープや煮込み料理、リゾットや丼メニュー、インスタントラーメンにも使えます。

食器は主にこれだけ。右の平皿がイッタラ・ティーマのプレート、上がボウル。グラスはボデガ。左のカップ＆ソーサーもティーマ。スプーンとフォーク、デザートナイフはクチポール。

このティーマ2つと、保存・調理兼用のパックぼうる（イワキ）、ボデガのグラスで一通りの献立に対応できています。

飲み物には同じくティーマのカップ＆ソーサーを愛用しています。こちらはスープやヨーグルトなどをワンプレートにセットして使うことも計画して、小さめのコーヒーカップを選びました。

この組み合わせになって2年以上経ちましたが、食器が足りないと感じたことはありません。

ティーマの使い勝手とガラス容器の万能さが、食卓をシンプルに変えてくれました。

朝食はパンが基本です。

食器棚は少し前になくしました。鍋類と一緒に、引き出し収納の1段に収まります。

調理器具はこれだけ。鉄フライパン、ミルクパンは柳宗理。包丁はずっとペティナイフ1本です。

具材を耐熱ボウルに入れ、電子レンジで加熱するだけのワンボウルレシピ。
鶏肉のトマト煮込みをよくつくります。

パン、果物をトッピングしたヨーグルト、サラダを、ワンプレートに盛りつけるスタイルが定番になりました。

パンと果物はどちらも食べやすくカットして、冷凍しています。果物はヨーグルトに入れて自然解凍、パンは凍ったままグリルでトーストします。

スライスされたバゲットなら、グリルの直火であっという間にサクサクに焼けます。

夕食はレンジで完結するワンボウルレシピに助けられています。カレー・リゾット・パスタなどの一品ものな

朝食に食べるパンは、まとめて買ってスライス。いろんな種類をタッパーにざっくり入れて冷凍。

ローリングストック。少しずつ消費し、回転させています。寒い時期はインスタントスープを増やしたり、夏場はゼリーや塩飴を足したりと、季節感も忘れずに。

ら、疲れていても簡単。

時間のある日はミルクパンで煮込む野菜たっぷりスープをつくります。コンソメや和風だしをベースに、白菜やキャベツなど具材はシンプル、ベーコンや豆腐などタンパク質を少量プラスして完成です。

じんわりと溶け出した野菜の甘さを味わうと、毎日でも食べたくなります。

食費の予算は１ヵ月で１万円。防災費として毎月２０００円をローリングストック食品に支出しているので、これも合わせると実質は１万２０００円ほどです。このストック食品が間食になることもあり、菓子類はあまり買わなくなりました。

ストック食品は、主に大豆バーやビスコ、小分けのゼリー、野菜ジュースなど。人にも配りやすい個包装で、嗜好性だけでなく栄養もとれるものを選んでいます。

主食類は、インスタントのスープパスタや春雨スープ、小さなカップ麺など。こちらはお弁当代わりに職場へ持っていったり、手軽に済ませたい夕食に活用したりしています。

いずれも消費期限が半年ほどありますが、週に1~2個ずつ消費して、常に新しいものへ入れ替わるように気をつけています。

また、水と熱源も備蓄しています。500㎖のペットボトル飲料水24本と、カセットコンロ、カセットガスは季節を問わず10本前後ストック。ポリ袋を使った炊飯を学んでからは、パックごはんではなく無洗米を多めに買い置くようになりました。加熱調理対応のポリ袋と、断水の際に器を汚さないためのラップも常備しています。

「毎日でも着たい」洋服だけ持つ。靴も3足、アクセサリーも3つ

物をたくさん手に入れても幸せに直結しないと気づき始めてから、少しずつ物を減らしていっています。過剰な物たちは、お金と場所と時間を奪っていきました。管理できないほど持ちすぎていた状態から、過剰でも過小でもない適量へゆっくりと近づいています。

自分にとっての適量を意識した物選びをすれば、身の回りの物ひとつひとつを心からのお気に入りに揃えることも叶います。

お気に入りだけで暮らすようになると、日々の満足度はどんどん高まり、過剰な物欲は自然と消え去りました。今所有しているのは少数精鋭、ホコリをかぶることなく日々活躍するものばかりです。

衣服は体や年齢の変化に伴って、毎年少しずつ入れ替わります。数は制限しておらず、今日も明日も、毎日でも着たいと思えるアイテムだけを残すようにしています。

自分が気に入ったもの、かつ自分のイメージやTPOに合っていれば、毎日同じコーディネートでも気後れしません。「いつも同じ」に怯えず、自分らしい装いを大切にしています。

昨夏のワードローブは6点でした。

サマーニット、マキシ丈ワンピース、Tシャツ、フードつきワンピース、タイトスカート、チュールスカートです。内訳はトップス2着、ボトムス2着、ワンピース2着。若々しすぎた膝丈ワンピースを足首丈に入れ替え、Tシャツとフード付きワンピースを買い足しました。色や柄のかぶりは気にせず、自分のスタイルによく馴染むものを買っています。ときにはマタニティコーナーや大きめサイズ、ユーズド品から見つけた掘り出し品も。

冬のワードローブは9点でした。ニットトップス2着、カーディガン、ワンピース、タイトスカート、プリーツスカート、シャーリングスカート、ストール、コートです。冬物は防寒アイテムのアウターとストールが加わり、夏より少し多めに。

夏のワードローブ6点。夏は1枚で完結するワンピースをよく着ます。

冬のワードローブは9点。ボトムスはロングスカートがメイン。コーディネートの幅が広く、使い勝手が良いです。

ワンマイルウェアとして着ている、膝下丈のワンピース。

内訳はトップス3着、ワンピース1着、スカート3着で、コーディネートはおよそ10パターンです。タイトスカートは夏のワードローブと同じもの。着心地が良く、ほどよく厚手で、オールシーズン活躍しています。

ボトムスはロングスカートばかりですが、スニーカーとハイヒールどちらにも合わせやすく、足元でガラッと印象を変えられるので、オン・オフ両用。本格的なアウトドアやスポーツを除いて、コーディネートの幅に悩むことはありません。

購入も手放しも、必ず理由を明確にすることで失敗が減りました。素材の相性や手入れ方法、体格や行動範囲など、なぜ着なくなったのかを分析して、次の選択に活かしています。

傷んだ衣類はカットしてウエスに、ダメージ以外の理由で不要になったものはリユースショップへ。新たな役割を与えて、安易にゴミを生まない工夫もしています。

家ではシンプルなワンピースをワンマイルウェアにしています。ワンマイルウェアとは、「ワンマイル＝ちょっとそこまで」出かける服のこと。自宅でのリラックスタイム

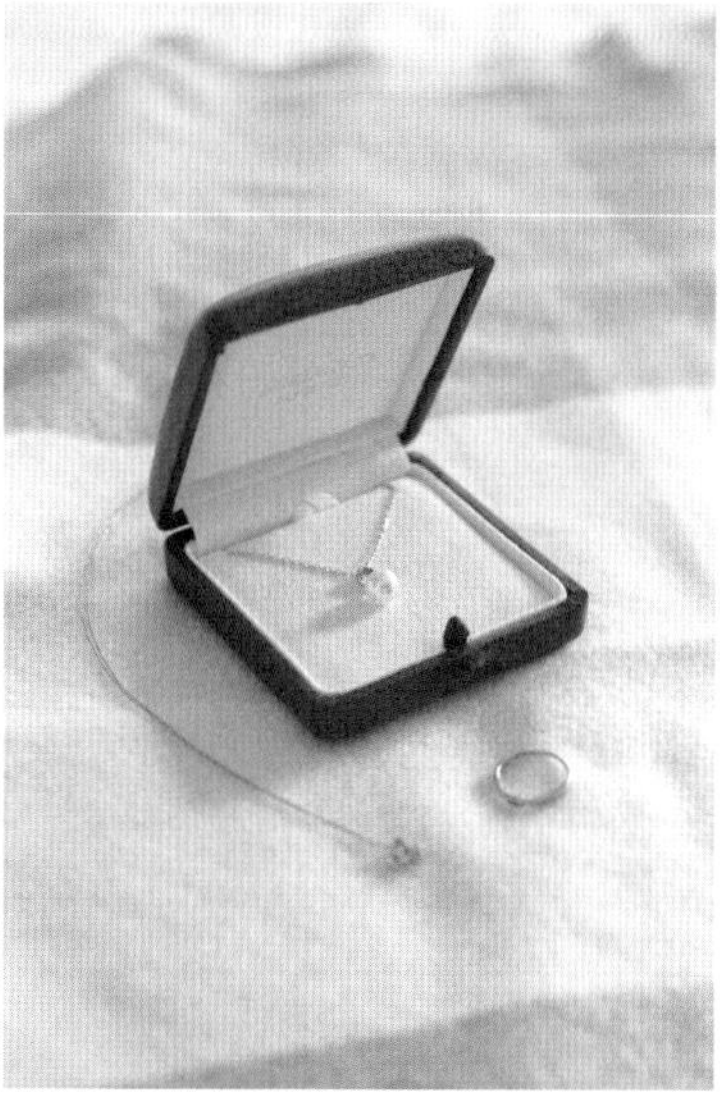

アクセサリーは3つ。リングとネックレス、パールのペンダントです。小さなダイヤをのせたリングとネックレスは1年中着けています。

靴はスニーカーとパンプス、レインブーツの3足。手入れをしながら丁寧に使っています。

を邪魔しないシルエットや素材でありつつ、徒歩圏内の用事ならそのまま出かけても気後れしない、きちんと感も備えた1着です。

膝下丈のワンピースで、プレーンな形のものを夏冬1着ずつ持っています。

手持ちの靴はモノトーンのスニーカーとパンプス、レインブーツの3つです。この他、職場には専用のパンプスがひとつ、マイカーには運転用のフラットシューズをひとつ置いています。

以前は短期間で履きつぶしていたパンプスも、こまめにヒールを修理して1足を長く使えるようになりました。

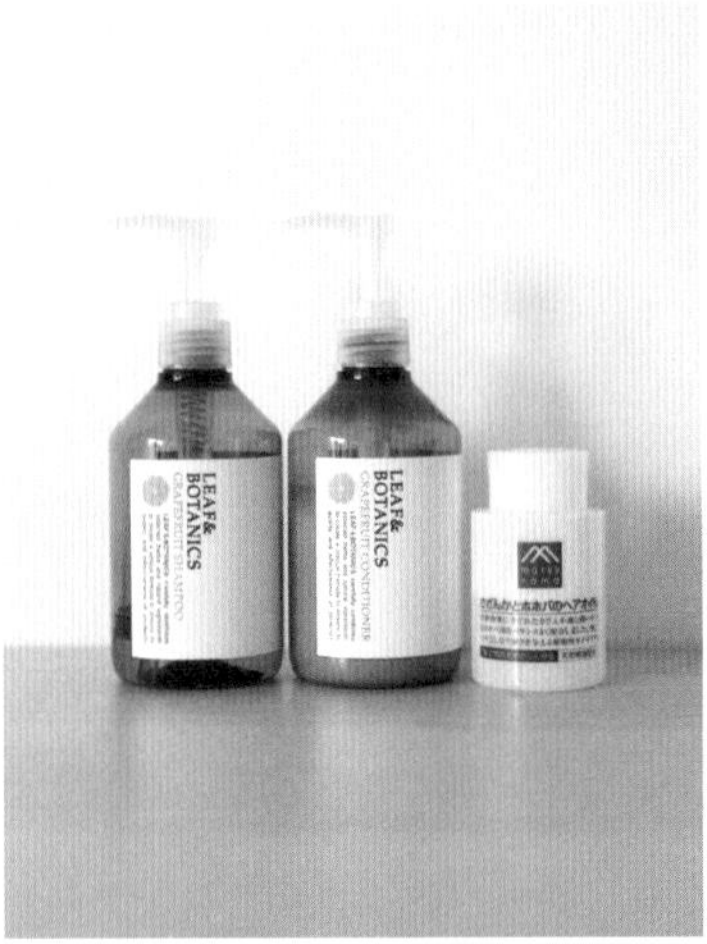

石鹸シャンプーを使っています。松山油脂の「リーフ＆ボタニクス」。右はヘアオイル。つるんと髪がまとまります。

化粧品、スキンケア用品も最小限に。手前左のチューブはワセリン。全身の保湿剤に使っています。

振り返ってみると、すぐに使えなくなるからと雑に選んでいた習慣が、扱いも雑にさせていたように思います。

ボディケアもシンプルに、今は植物石鹸をベースにつくられたシャンプー&リンスとホホバオイルを使っています。化粧品類は動物実験を行っていない企業から選んでいますが、石鹸や天然オイルなら、いっそう安心です。

メイクアイテムは全部で8つ。厚塗りをやめると、出先での化粧直しがいらなくなって、重たいメイクポーチを持ち歩くこともなくなりました。

リノベーションで洗面台も真新しいものに。
タオルはフェイスタオルを4枚。バスタオル
は持たず、バスローブを使っています。

掃除道具もシンプルに。
床掃除はモップとコードレ
ス掃除機で。ノズルを外
してハンディスタイルにし
ています。

「自由に使えるお金」で広げていきたい、動物福祉に関する活動

年間の貯蓄目標は100万円、手取り年収の30％以上にあたります。貯蓄を始めたきっかけは、浪費体質の改善。使用目的は決めておらず、お金を貯めるというより「浪費に気づき・減らす」を意識して過ごしました。

浪費癖が治り家計が安定してから、あらためて貯蓄の目的・目標を設定しました。年間100万円のうち、50万円は老後資金です。

30歳から60歳まで続けると1500万円。この先家族が増えるかはわかりませんが、私ひとり分の生活費には十分です。

退職の年齢、年金の受給開始時期、老後の医療費や交通手段、マイホームのリフォームなど、FPの参考書を再び開いたり、わからない部分はとことん調べました。国の統計なども参考に、数ヵ月を費やして何度もシミュレーションしてたどり着いた金額。試算が終わって気がついたのは、「知らない」「わからない」という状況が不安を増大

させていたこと。

見通しが立つにつれて不安感は薄れ、時間をかけてでも「自分の頭で」プランニングしたことは、非常に有意義だったと思います。

そして、100万円のうち残りの50万円は、翌年に自由に使えるお小遣いとしました。

何を買ってもいいし、住宅ローンの繰り上げ返済にあてても、運用に失敗してゼロになっても、家計に痛手はありません。今はまだ欲がわかないので、2匹目の猫の里親準備金としてそのまま残しています。

また、少額の寄付から始まった動物福祉に関する活動を、この先も少しずつ広げていきたいと考えています。

2022年より国家資格となる動物看護師ですが、今はまだ特別な規定がありません。民間の養成所や講座が多数あり、教材を購入することができました。いつか保護動物の一時預かりにも取り組みたいと思っているので、疾患や栄養のことなど、少しずつ学び始めています。

お金の不安を取り去り、日々の生活がスムーズに回り始めると、見栄や損得感情と切り離された「やりがい」「生きがい」と出会うことができました。


節約を意識せずとも、自分にとっての適量を理解すれば大金は必要ないとわかり、すんなりと家計が整いました。そして、夢や目標はこじつけるものではなく、見つかるものだと知りました。

物やお金に振り回されず、自分が納得できる選択を積み重ねて、これからもひっそりと暮らし続けます。

観葉植物はフェイクグリーンです。使わなくなったスマホを、留守中の猫の見守りカメラに。専用アプリを利用しています。

#03 | nanoha

年齢：30歳
居住地：都内
仕事：会社員
ひとり暮らし歴：8年
1ヵ月の支出：15万円

地方に育ち、都会生活に憧れて大学進学と同時に上京。手取り18万円のOL生活をYouTubeに投稿。野菜中心の丁寧な食事が評判に。周囲に気を使い、疲れてしまう、しんどい日常も語り、多くの共感を呼んでいる。

住まい

1K（6畳）

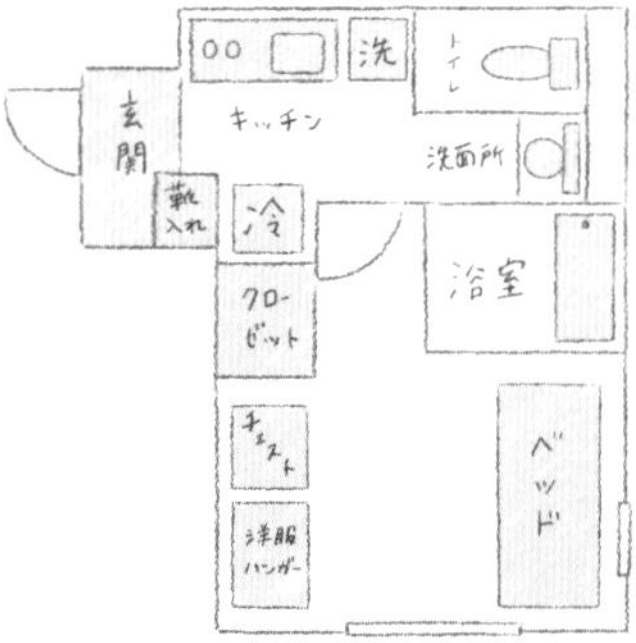

YouTube

nanoha style

チャンネル登録者数4.39万人
（2021年3月23日現在）

片田舎育ち、とにかく便利で すぐに動ける都心に住みたかった

今住んでいるのは1K6畳で8万2000円（Wi-Fi込み）のお部屋です。ターミナル駅・職場へのアクセスが良く、静かで落ち着いた街に暮らしています。正直広くはないですが、ひとり暮らしをするには十分です。

ユーチューブやSNSのコメントで「スッキリしたお部屋ですね！」と言っていただくことが多いのですが、実は掃除や整理整頓は大の苦手。油断するとすぐ散らかったり汚れたりします。

でも、掃除が苦手＋広くないお部屋だからこそ、床に置く物を少なくして片づけが面倒にならないようにしています。あとは、1ヵ月に1回、使う物・使わない物の見直しをして、なるべく増やさないよう意識しています。

約18万円という私の毎月の手取りから考えると、8万2000円はかなり高い家賃だ

と思います。ですが、今のお部屋を探すときに「安らぎ」と「利便性」をとても重視していて、それを住みたい地域で満たすとなると、このくらいが相場でした。

重視したい2つのポイントを踏まえて、お部屋探しをしたときの条件は、次の3つでした。

①RC（鉄筋コンクリート造）・角部屋
②駅から徒歩8分以内
③徒歩5分以内にスーパー・コンビニがある

まず、RC・角部屋にこだわった理由は、騒音に悩みたくなかったから。

これまで様々な部屋に住みましたが、前の部屋のときに初めてこの問題に悩まされました。心身ともに疲れきってしまい、その部屋は1年で退去しました。

次は絶対に同じ思いはしない！と心に誓い、騒音の影響を受けにくいRC・角部屋を第一条件として物件探しをしました。今のお部屋も残念ながら、まったく音がしないということはないですが、以前より確実に静かで安心して暮らせています。

駅から徒歩8分以内、徒歩5分以内にスーパーやコンビニのあるところが良いと思っ

たのは、とにかく便利な環境が好きだから。そこにこだわるようになったのには、育った環境が関係しているかもしれません。

私は、関東の片田舎で生まれ、高校卒業までそこで育ちました。最寄り駅までは徒歩40分、電車が来るのは1時間に1本。住んでいたところは、いわゆる車社会でした。

幼い頃はそれに対して、とくに何かを感じることはありませんでした。けれども、中学・高校と成長するにつれて、ファッションや音楽に興味を持ち始め、住む環境に不満を感じるようになりました。

雑誌を見て「このかわいい服欲しいな〜」と思っても、地元に買えるお店はないし、ライブが開催されることもない。長い時間電車に揺られて、都会に出ていかなければならない。

家から駅までは両親に送迎してもらう必要もある（我が家は徒歩や自転車は非推奨でした）。そのためには、両親の都合に合わせないといけない……自由に動けないことに本当にもどかしさを感じながら、毎日暮らしていました。

こんな経験から、自分が「見たい！　やりたい！」と思ったタイミングですぐに動けて、選択肢が多く、便利な街に住みたいと思うようになりました。

そんな私の希望を叶えてくれるところはどこか？と言ったら、「やっぱり東京でしょう！」となり、高校時代は都内への大学進学やその後の理想の生活を目標に、勉強やバイトに取り組んでいました。

そして、無事希望通りの大学に進学、住みたい街に住むことを叶えられました。

あれから10年以上の時間が経った今でも、便利さをずっと感じていたいという気持ちは変わらずにあります。そのため、物件探しのときに「利便性」が大事にしたいポイントとして出てきたんだと思います。

結果として、今も理想通りの、便利で快適なお部屋に住むことができて、とても幸運だし、自分の思いを大事にして良かったなと日々感じています。

支出の半分以上を家賃が占める家計でも、食べたいものを食べ、欲しい服を買う工夫

月の収入は会社員としてのお給料が約18万円、メルカリなどでの不要品販売やポイントサイト等での収入が約1万円の合計19万円です（ユーチューブからの収入もありますが、かなり変動があるためここでは割愛）。

支出はだいたい15万円に抑えることを意識しています。それ以上になることもありますが、基本どんぶり勘定なのであまり気にしていません。

食費は毎月1万5０００円程度。このくらいに抑えられているのは、基本的には自炊をしており、お酒やお菓子などの嗜好品をあまり買わないからかと思います。

食材は週1、2回、平日の仕事帰りに買うことが多いです。近所に3つのスーパーがあり、それぞれのお店での安い食材や特売日などを把握して使い分けています。

メニューを決めてから食材を買いに行くのではなく、基本的には冷蔵庫にある食材やそのときに買ったものから、何をつくろうかと考えるタイプです。そのほうが、目的の

ある月の家計簿

住まい	82,000
食費	17,301
水光熱費	2,949
通信費	3,280
日用雑貨	7,393
エンタメ	1,180
美容・衣服	22,782
医療	7,902
合計	**144,787**

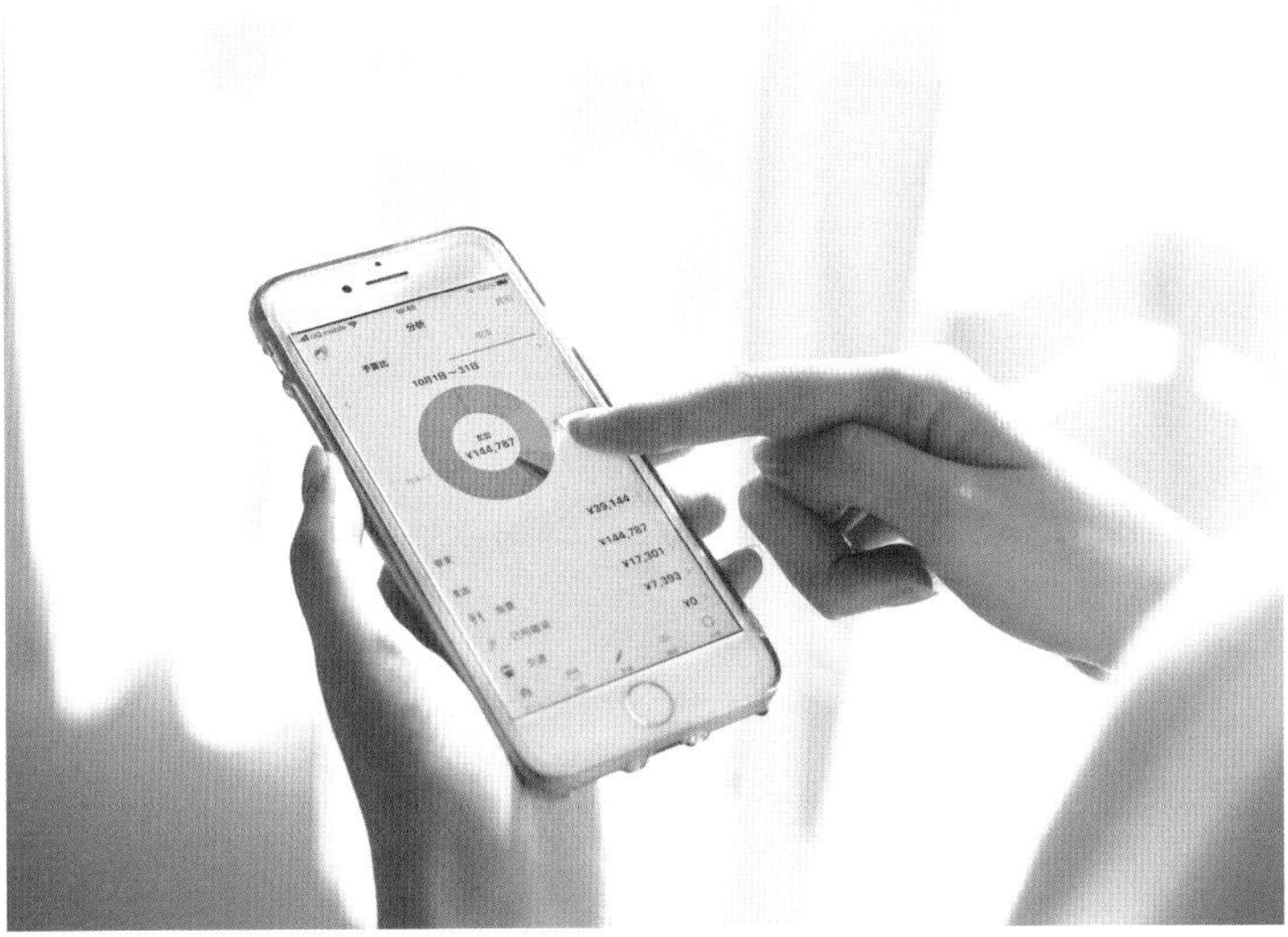

家計簿はずっとZaimというアプリを使って管理しています。まとめてやろうとすると面倒くさくなり、レシートの保管場所にも困るので、なるべくその日か遅くても翌日には入力するように。

食材が売ってなかったりしたときに、やる気を失わずに済むというメリットがあります（笑）。

やる気やモチベーションは、なかなか出てこない、いわゆる宝だと思っているので、いかに失わず保たせるかは重要です！

あとは、年に数回親戚が食料を送ってくれるのと、ふるさと納税を利用してお米を頂いたりしていることも、食費節約に一役買ってくれていると思います。

ちなみに外食は、ひとりでするのは月に1回程度。昔から薄味派なのと、年齢を重ねるとともに身体を気遣うようになったのもあって、自分で好みの味をつくるのが、なんだかんだで一番と思っています。

今でこそ飲み会など大人数で集まるところにはあまり参加しませんが、以前はお誘いを受ければとにかく出かけていました。友達が多いほうではないので、いろんな人と出会ってみたかったのと、予定がない寂しい人間と思われるのがイヤだったからです。

でも、やがて、自分は狭く深く関わる関係性が好きで、スケジュールには余白がないと落ち着かないことに気づきました。

収納が少ないため、普段使いの洋服はラックに掛けて。下のカゴには化粧品などが入っています。

服はセール時にユニクロやルミネでまとめ買いをします。ボトムスはきちんと感の出るスカートが多いです。

あとは、わりと常に人目を気にして見栄を張って生きてきたようなタイプですが、すこーしずつ周りの目が気にならなくなってきました。

それもあって、お誘いを受けたら、「それ、本当に行きたい？」と自分に聞いてから返事をするようにしました。その結果、ほとんど行かなくなり、交際費が激減したという経緯があります。

そうは言っても、友達のお祝い事には惜しみなく使うようにしています。

誕生日であれば、最近は物ではなく、いつもよりワンランク上のお祝いランチをプレゼントしています。

今は通勤用、休日用、食料品などの買い物用、旅行用の計4つに落ち着いています。

靴はベーシックなものを。パンプスは同じ型の色・柄違いを購入し、ローテーションで。

20代のときは、あまり後先考えずにお金を使ったりしていましたが、30代に突入してからは将来についてゆるくではありますが、考えるようになりました。

先々への不安をなくす第一歩として、最近つみたてＮＩＳＡやお給料天引きの確定拠出年金を始めたところです。

始めてみた感想としては、もっと早く始めたら良かった！

とは言っても、時間は戻らないので、今からでも少しずつお金の勉強を進めていきたいと思っています。

体質改善に始めた「ゆるグルテンフリー」で、だるさ解消、自然に早起きできるように

趣味らしい趣味のなかった私が、ここ1年くらいハマっているのが「体質改善」です。きっかけは、とくに病気があるわけでもないのに、なんだかいつも調子が良くなかったから。そんな状態から脱出して、心も身体もスッキリさせ、穏やかな毎日を送りたいと思うようになりました。

最初に試したのが、ゆるグルテンフリー生活です。パンやパスタなどグルテンを含んだ食品を摂取しない食事法です。それによってだるさが解消される可能性があると知り、試してみました。

性格的に、ガチガチに決め込むと息切れして続かなさそうだなと思い、頭に「ゆる」と付けました。基本的にひとりのときだけで、友達などとの外食のときにはその場に合わせて食事しています。

体質改善を意識する中で、自然とお魚を食べることが増えました。タッパーを使って、電子レンジで手軽に煮付けなどをよくつくります。ご飯は雑穀米を一度に炊いて冷凍しています。

実際この生活をしてみて一番出た効果は、平日の午後に睡魔に襲われなくなったことです。

朝もこれまでより1時間ほど早く目覚められるようになりました。目覚ましなしで起きて、家事などを朝のうちに済ませ、以前より余裕のある朝時間を過ごせています。

そして、まったく期待はしていなかったのですが、体重が2キロ減りました。今までより、かなりしっかり食べていたのにもかかわらずです。和食・野菜中心でバランス良く食事をしていたのが、良かったのかもしれません。

他にも、夕食・土日だけのプチ断食に

水切りカゴは食器を置くのはもちろん、料理中は野菜の一時置きスペースにすることも。広くはないキッチンを有効活用するのに欠かせない存在です。

奥行きのあるシンク下収納にはKEYUCAのスライドラックを設置（左）。調味料や缶詰など保存食をまとめ、デッドスペースになりがちな部分を有効活用。

挑戦してみたりしています。

作り置きおかずを週末にまとめてつくります。平日、仕事から帰ってきてレンチンするだけで、自分好みの健康的なごはんをすぐ食べられる。そのおかげで、気持ちに余裕のある生活を送ることができています。

余裕のある生活をつくるのに欠かせないのが、冷凍食品の活用です。

ネギなどの薬味以外に、冷凍かぼちゃなども買います。以前は生のものを買ってきて、切って冷凍していましたが、面倒くさくなってしまったので、そこの手間はバッサリ捨てました。

冷蔵庫には作り置きが主に入っています。野菜は安いときにまとめ買いすることが多く、すぐ使わない場合はキッチンペーパーに包み、大きめの保存袋に入れておきます。

セブンプレミアムの冷凍食品は便利なのでよく購入します。オクラはお味噌汁・おそばに入れたり、作り置きおかずに使ったりと活躍の場が広いです。

液状タイプの味噌が便利。気軽に１杯分のお味噌汁をつくれます。カップに具材と味噌、水を入れて電子レンジで温めるだけ。忙しい朝に重宝します。

昔から水分を欲さない体質で、１日５００㎖飲んでいるかも怪しいというレベルです。

何か水分をとる量を増やす方法がないかな？と、探していたときに思いついたのが、お味噌汁を飲むことでした。

元々大好きで、食事のときにはだいたい飲んでいるので、手軽に始められると思ったのです。

面倒くさがりなので、飲むときは味噌を溶かす必要のない液体味噌を使っています。ただ、まだまだ意識しないと水分をとろう！と思えないのと、若干塩分が気になるので、改善の余地あり……という状態です。

歯列矯正、脱毛……貯金をがんばるのは「自信を得るための投資」に使いたいから

多くはない収入の中で、支出を抑えて貯金しているのは、「買いたいもの・やりたいこと」があったとき、お金を理由にあきらめないためです。

大人になってからの出費で一番大きかったのは、歯列矯正です。約100万円でした。手取り18万円OLにとっては大金です。そんなお金がかかってもやろう！と思えたのは、それを払っても十分に生活をしていける貯金があったからです。

昔から歯並びが極端に悪く、学校での歯科検診のたびに指摘され……鏡や写真でその口元を見て、落ち込むことがたくさんありました。

矯正をすることで歯並びが良くなり、コンプレックスがほぼ解消されると同時に、少しの自信も手に入れられた気がしています。がんばって貯めた100万円を投資するだけの価値があったなと思います。

IKEAのチェスト。色味がスッキリ。インナーやハンカチ、部屋着などを収納しています。

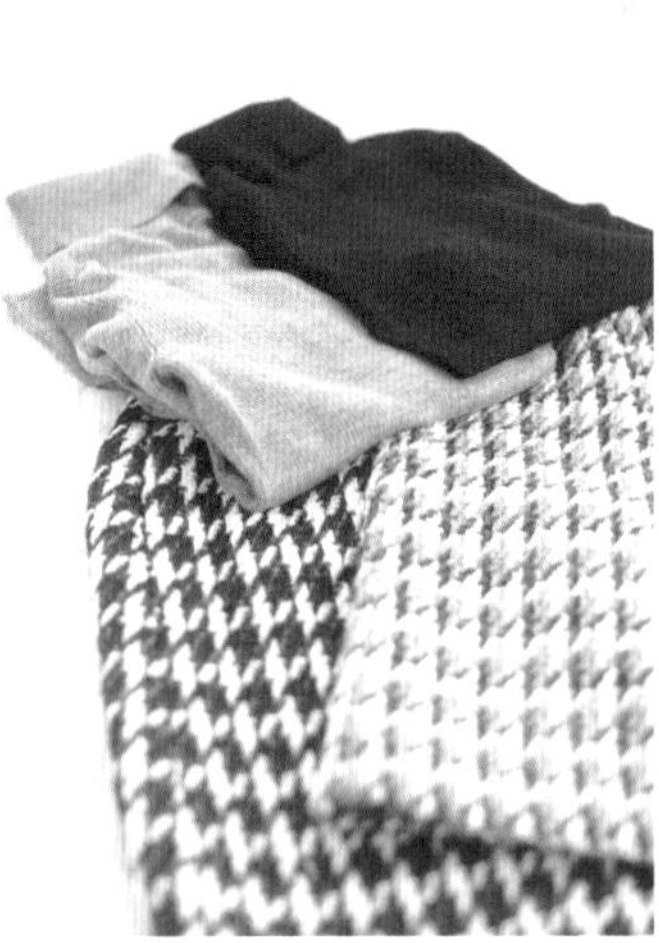

気に入った服は色違いで揃えて。トップスは無印良品です。

他の見た目の部分の自己投資だと、医療脱毛をしています。やっている部位は全身とVIO（デリケートゾーン）です。

誠に残念ながら毛深いほうで……。毎度の自己処理がとても面倒なので、20代前半からエステなどのいわゆる光脱毛の全身脱毛コースに通ったりしていました。

しかし、あまり効果が感じられず、次は絶対に医療で！と思っていました。ただ、光脱毛より高額なこともあり、迷っていました。

そんなとき、歯列矯正で歯並びが良くなり自信を得る経験をしたこと、消費税増税が決まったこともあり、急いでクリニックを探し、約2年前に5回で25万円

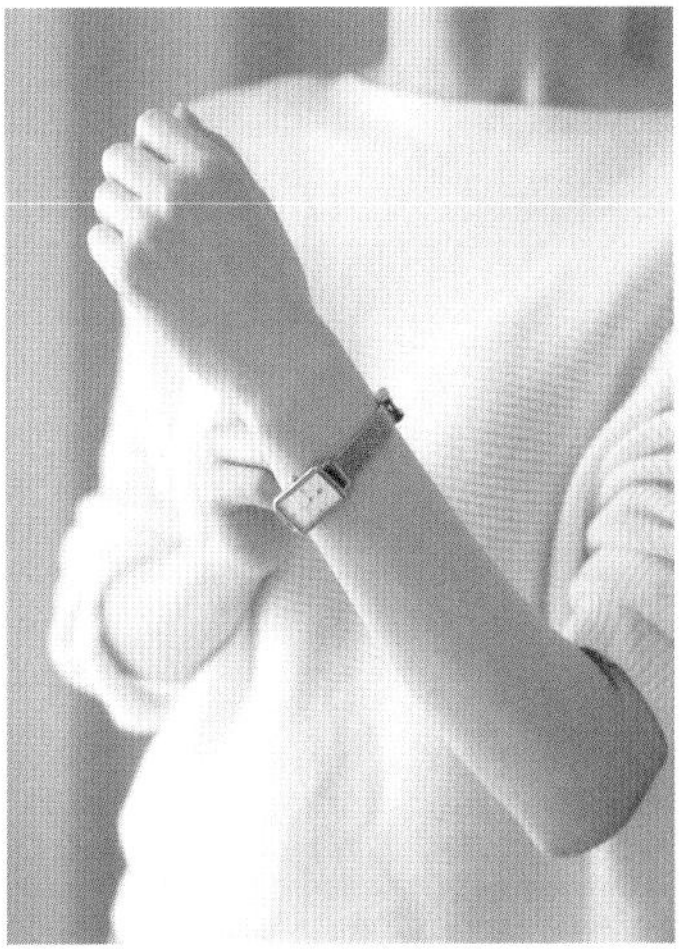

腕の脱毛を終え、夏に自信をもって腕が出せるようになりました。

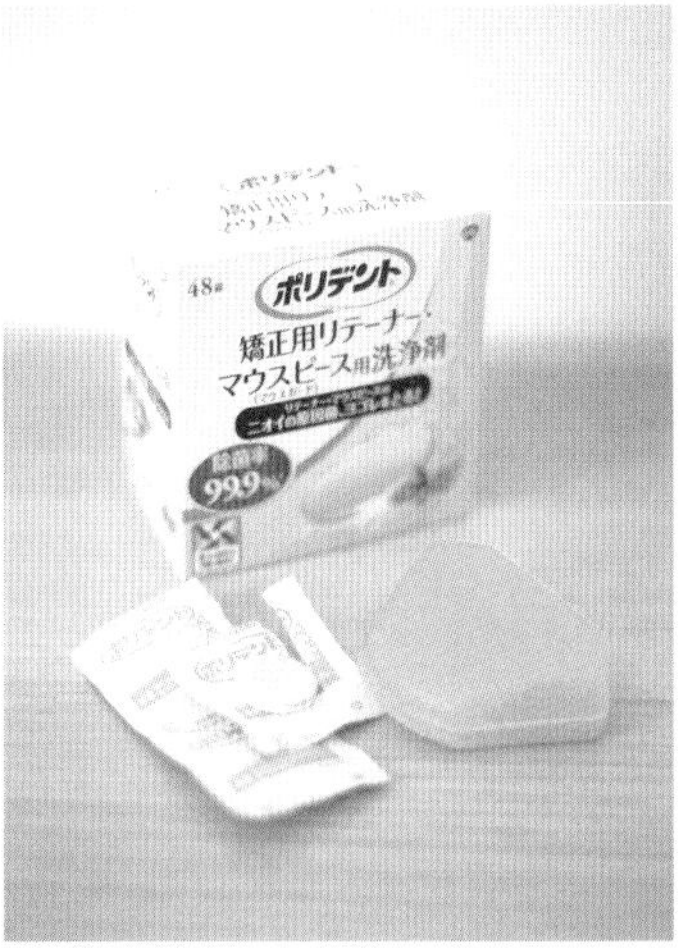

歯列矯正は、夜間だけリテーナー（後戻りを防ぐ装置）を装着する段階に。少しさぼり気味です…。

のコースを契約しました。

今は5回終えて、全部はなくなっていないので、様子を見ながら追加して通っている状態です。

自己処理の回数が圧倒的に減り、とてもラクになりましたし、腕などを見られることに抵抗がなくなり、またひとつ小さな自信を手に入れられた気がします。

その他にも、今はシミやホクロ取りにも興味があります（欲が尽きません……！）。矯正や脱毛と同様に高額ですし、どのクリニックでやろうかと悩んだりもしますが、その時間も含めて自分自身にお金をかけることが楽しいです。

以前はお金を払うと「出ていってしまう・なくなってしまう」という感覚だったように思います。ですが、大人になるにつれて「出ていく代わりに得られること」に目を向けられるようになり、気持ちよくお金が使えるようになったと感じています。

今でこそ、そんなふうに思えるようになりましたが、思い返してみると20代前半の頃のお金の使い方は、あまり褒められたものではありませんでした。

元々お買い物というか、おしゃれが大好きで、洋服の衝動買いも多かったのです。買っても数回しか着なかったり、家に帰って着てみたら似合わなかったり……など失敗もざらでした。

今はさすがに落ち着き、可能であれば試着はするし、本当に欲しいのか考える時間をとるようになりました。「持たない暮らし」に興味が出てきたこともあります。そうなると、絶対に欲しい！と思うものに出会うことがかなり少なくなってきました。

その代わり、これ！というものに出会えたときは、金額のことはあまり気にせず購入することにしています。

人の目が気になり、生きづらい30代OLが叶えたい、フリーランスという働き方

30代に突入したこと、そして新型コロナウィルスの流行で世の中が大きく変わったのをきっかけに、これまでよりも真剣に仕事やプライベートについて考えることが増えました。

その中で見えてきた私の夢は、「在宅でフリーランスとして働きたい」ということです。

新卒のときから正社員として、毎日会社に出勤してきましたが、「自分の身体に合ったライフスタイルを送りたい」と思うように。

体質改善でいろいろな食事法を試すうちに、「お腹が空いていないけど、食事の時間だから食べる」ことに違和感を覚えるようになりました。出勤前や昼休憩の時間に、たとえお腹が空いていなくても、他に食べるタイミングがないから食べておこうとなります。ここをどうにかしたい、好きなタイミングで食事をしたいという思いが湧いてきた

のです。

また、食事を見直してから早起きができるようになったので、頭がスッキリしている早朝に働いて、午後はゆっくり過ごすことに憧れを持つようになりました。

こんなわがままな働き方ができる会社って、そんなにないだろうな……じゃあ自分でできるようにしていくか！という思いから、フリーランス願望が芽生えているのです。

もうひとつ、「オンラインで完結する働き方をしたい」という気持ちも。

私は、他人の感情をもらってしまいやすいところがあります。たとえば、人が怒られているのを見ると、まるで自分が怒られているかのように感じてしまったり……。それにプラスして、とても神経質なのか、人の目線が気になり仕事に集中できないことがあります。

まさか自分がそんなことに気をとられる性格だなんて、働いてみるまで思ってもみませんでした。

職場にいるだけで知らず知らずのうちに、誰にも頼まれてないのに気を張って、気力・体力を消耗して……。

ほぼ残業もなく定時で退社しているのに、家に帰るとドッと疲れが出てぐったり……なんていうことも。生きづらさを感じずにはいられませんでした。

自分の周りの環境や他人の感情に左右されずに働きたい。そのために、出した解答は「人との接触を極力減らした働き方をする」でした。

つまり、在宅勤務が可能な仕事をすれば良いと思ったのです。

自分のどんなスキルを活かして、在宅で働けるようにしようか？と思っていたタイミングで、新型コロナウィルスが流行し始めました。

緊急事態宣言が発令されている間、私は基本的に自宅待機となり、職場へは週1〜2回出勤。

思いがけず、2ヵ月近い時間のほとんどを人とあまり接することなく家で過ごし、理想の生き方・働き方を疑似体験することができました。世の中は大変厳しい状況でしたが、私としては人生で一番悩みやストレスを抱えることなく過ごせた時間でした。

その経験から「やっぱり在宅でフリーランスとして働いてみたい！」という気持ちが一層強くなり、どうやったらそれを叶えられるだろう？　自分には何ができるんだろう？と思い、外出自粛となっていた間に自己分析をしました。

すると、自分で自分を掘り起こした限りでは、いわゆる履歴書に書けるような、言語化できるような強みがないことに気づいてしまいました！（悲しい……）

というわけで今は、強み発見のプロや、私と同じく強みを見つけようとがんばっている方々のお力を借りながら、自分を最大限に活かし、人を幸せにしてお金を頂けることを探しているところです。

新型コロナウィルスの流行を機に、テレワーク制度を取り入れる会社や、在宅でできる単発のお仕事も増えてきていると感じます。

いきなりフリーランスにならなくても、いったん在宅勤務ができる会社に転職してみたり、今の仕事を続けながら在宅でできる小さな仕事から挑戦してみたり……と、ありがたいくらい選択肢もいっぱいあります。

なので、できることから少しずつやっていけば、理想を叶えられる日はそう遠くはない！と今はとても前向きな気持ちです。

いつかユーチューブやＳＮＳで「理想叶えられました！　こんな生き方・働き方も良いよ！」とお伝えできるような自分になっていたいです。

#04 ｜ りお

年齢：20代
居住地：西日本
仕事：契約社員
ひとり暮らし歴：6年
1ヵ月の支出：10万円

アルバイトを転々とし、月の手取りはずっと12〜13万円。少ない収入の中で堅実に節約し、趣味もおしゃれも楽しむ様子がYouTubeで話題に。上手に世間と合わせられない生きづらさを抱え、自分らしい働き方を模索中。

住まい

1K（9畳）

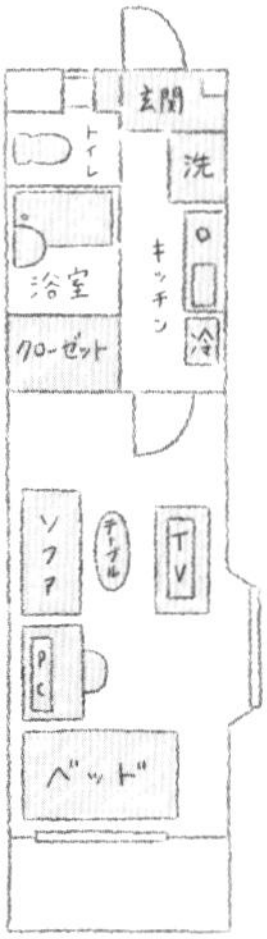

YouTube

りおの節約生活。

チャンネル登録者数2.73万人
（2021年3月23日現在）

休みのとりやすさを最優先に、バイトを転々。手取り12万円でやりくり

私はオタクで、趣味はライブ・舞台鑑賞です。ある「推しの人」がいます。趣味を大事にしたいので、休みの取りやすさを優先して、バイトを転々としていました。プライベートを優先した結果、月の手取りはずっと平均12～13万円です。

少ないお給料の中でも趣味を優先し、都内へ引っ越したのがひとり暮らしを始めたきっかけです。

昔から、母に「お小遣い帳はつけなさい」と言われていました。アルバイトを始めてからは、お給料で管理できる手持ちのお金も増え、やりくりしながら友達と遊ぶのが楽しかったのを覚えています。

ひとり暮らしを始めてからは、自分の生活のすべてを自分の少ないお給料で賄うことになりましたが、やりくりは体にしみついていたので、苦ではありませんでした。お金や節約、暮らしについて考える時間がますます好きになりました。

少ない収入の中で、どのようなやりくりをしたら楽しく生活できるのか、どこを工夫すればラクに貯金ができて趣味にお金を回せるのか、考えてきました。一番の節約は「固定費の見直し」と考え、引っ越しを繰り返して家賃を下げてきました。

引っ越しを繰り返すうちに、住まいに対して求める条件・譲れない条件がはっきりしました。譲れない条件は、風呂トイレ別・2階以上・インターネット無料・都市ガスです。

現在の住まいは、家賃3万9000円（ネット・水道代・共益費込み）です。これまで住んでいた部屋よりも広く、しかも家賃も下がり、満足しています。

ユーチューブで節約生活を投稿していますが、大変そう、そこまでしなくてもという感想をいただきます。でも、本当に欲しいものがあれば、買い物も楽しんでします。

お金は自分が幸せになるために使うものと思っているので、限度はあるけれど、好きなものに関するお金は惜しみません。自分としては、つらくならず楽しんでできる範囲の、ゆるい節約生活をしています。

10％は必ず先取り貯金、生活費を細かく封筒に分けて管理

貯金をするうえで一番大切なことは、支出の管理だと思います。もっと細かく丁寧に家計管理をしてる人がいるのは知ってますが、私はなるべくイヤにならず続けられるように、ゆるっとした家計管理の方法で、最低限当たり前のことだけするようにしています。そんな私のゆるい家計管理が参考になるのかな……と思いながらユーチューブで投稿していますが、意外に「毎月何にどのくらい使っているか把握していない」という方も多いみたいですね。

現在、エクセルと百均のファイルを使って家計管理をしています。お給料は（少額なこともありますが）一度全額引き出します。そして、必ず収入の10～15％は先取り貯金し、なかったものとして生活しています。

ユーチューブの収入があるものの、元々こんなに人が集まるとは思っていませんでし

毎月の家計簿平均

家賃	39,000
食費	10,000
光熱費	5,000
通信費等（サブスク含む）	11,500
交通費	1,000
日用品費	8,000
交際費	3,000
娯楽費（洋服、コスメなど）	10,000
医療費	6,000
積み立て（ヘアサロン代など）	6,500
合計	**100,000**

玄関脇のスペースに、百均の突っ張り棒で簡易的な棚を設置。キーケースや腕時計置き場に。3つの瓶は香水です。その日の気分でつけます。

給料日に、先取り貯金以外のお金を全額下ろし、費目ごとに封筒に分けます。ここからお金を使っていきます。「使えるお金」があらかじめ決まっていれば、使いすぎを防げます。

た。趣味でお金が発生しているのは嬉しいですが、現実離れしていて、こんな生活は長く続かないだろうし、安定しない収入に振り回されたくないので、あてにはしていません。

先取り貯金した残りで、毎週使えるお金を食費や光熱費など項目ごとに封筒をつくり、ファイルで管理しています。

最近は、電子マネーやクレジットで買い物をすることが増えましたが、使いすぎ防止や自分のお金の動きを把握するため、使った金額は封筒から分けて、「思ったより使っていた」や「支払い日に足らない」なんてことがないようにしています。

Excelで家計管理

毎日の支出を左のように入力し、右側と連動するようにしています。

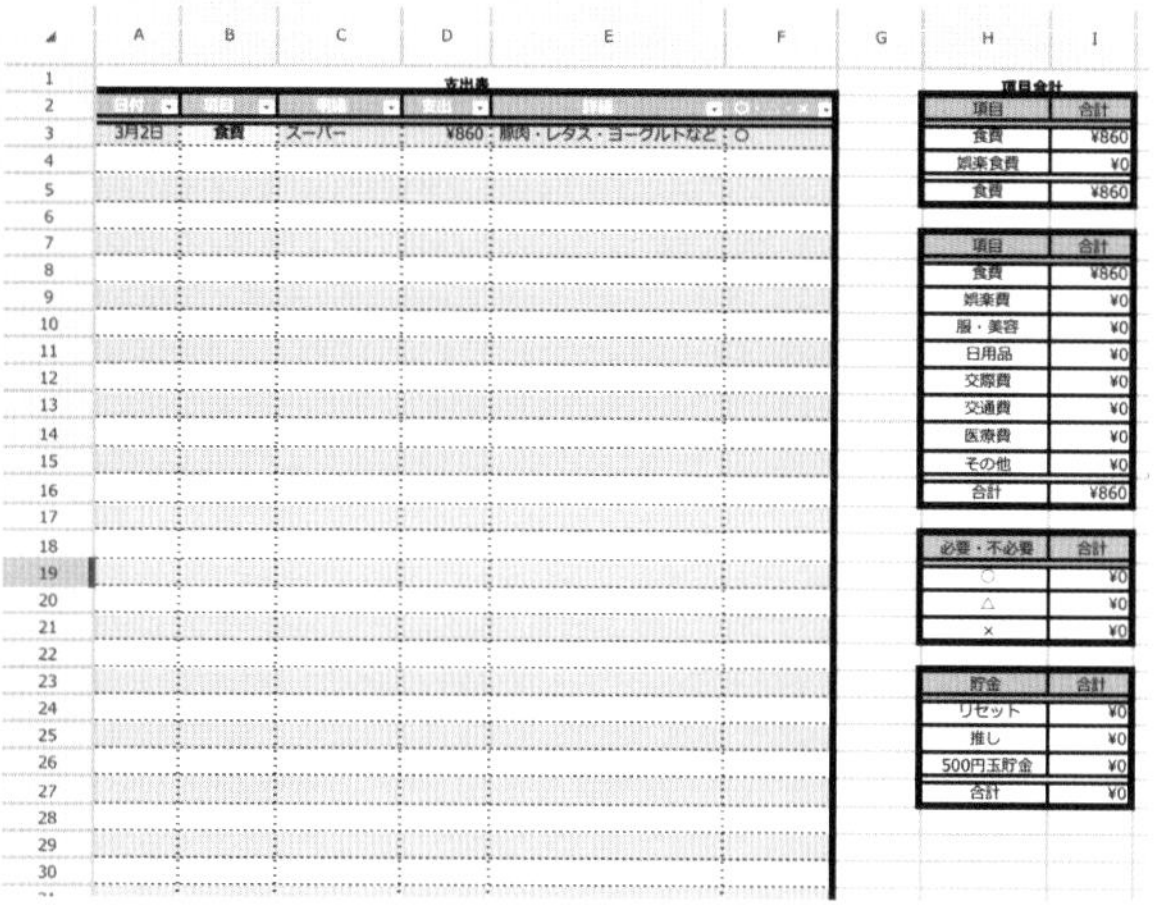

前職でボーナスが出たときも、お金があるから大きな使い方をしたいと思うことは少なく、たいていは貯金に回していました。

おかげで、少しの間無職でしたが、貯金で生活し、ゆっくり仕事を探すことができました。

生活費をきっちり分けて、しんどそうと思われることもありますが……。金銭的に余裕がなく喧嘩する人や、荒れている人たちを見てきました。

お金自体が悪いわけではないし、貯金が増えるのは心の余裕につながります。不安が減ると思えば、ゲーム感覚で楽しんで家計管理できています。

先取り貯金以外に、私が今している貯金方法は……

・500円玉貯金

お財布の中の500円はお金じゃないと思って、使わないようにしています。

・小銭貯金

買い物した夜、100円未満の小銭を貯金箱へ。お財布をリセットするために始めたチリツモです。

・推し貯金

オタクなので、応援している人のSNSの動きやイベントがあれば、感情のまま貯金箱にお金を入れています。

・チョコ貯金

バレンタインに、自分へ高いご褒美チョコを贈るため！

無理のない範囲で、無駄遣いをしないように心がけていますが、たまに物欲が爆発し

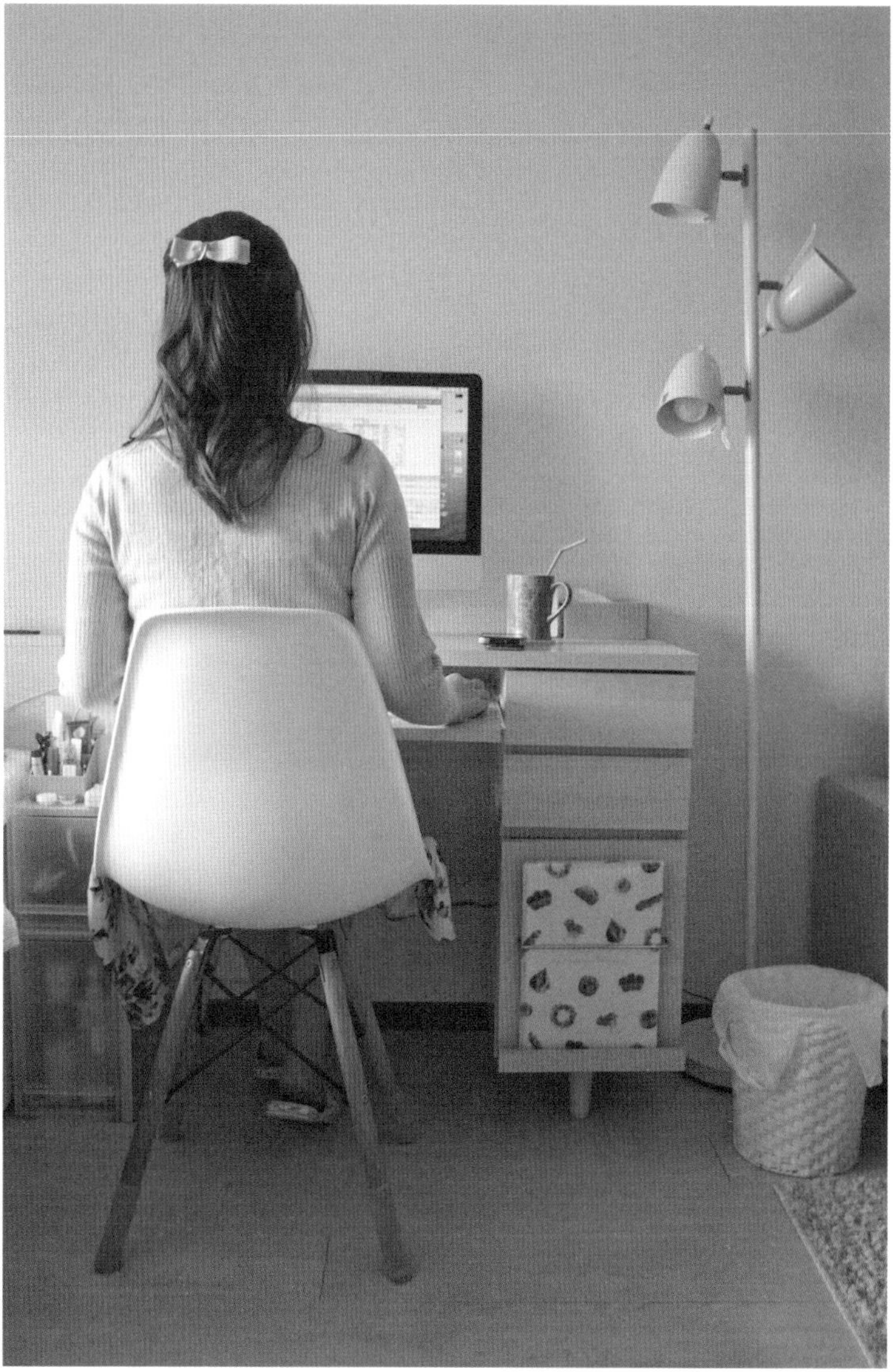

PC用のデスク。椅子はイームズチェア。とくにこだわりなく選んだのですが、とても座り心地が良くお気に入りです。PCでYouTubeの動画編集や家計管理を。

て、「あれもこれも欲しい！」「これくらいならいいかな？」となるときがあります。

そのときを乗り越えるため、「大きい目標」と「小さい目標」を立てています。

将来、猫ちゃんをお迎えして一緒に暮らしたいと思っています。そのために、先取り貯金とは別に240万円（猫の生涯にかかる費用）を貯めるのが、「大きい目標」です。「小さい目標」は、海外旅行に行くことです。

大きい目標の道のりは長いかもしれません。でも、物欲が爆発して「少しくらい」と思ったとき、この目標を思い出して、本当に欲しいもの以外はグッと我慢することができます。

突発的な物欲なので、一瞬はお金を使えないことがつらいですが、すぐ忘れます。

NMDは月10日以上。衝動買い防止にお金を持ち歩かない日も

先にも書いたように、本当に欲しいものは我慢せず買うようにしています。せっかく素敵な買い物をしたのに、節約にとらわれすぎてブルーな気持ちになるのはもったいないので。自分がハッピーになれたのなら、それで良し。「お金を使っても後悔しない」ことを心がけています。

そのかわり、買い物をするときには、これは本当に欲しいものなのか、流行ってるから欲しいのか、どんな状況で使いたいのかをじっくり考えます。購入後に「やっぱり違ってた」と思うことは少なくなりました。

もっとも節約効果が高いのは、「固定費の見直し」だと思います。

家賃の見直しはもちろんのこと、電力会社の見直し、保険の見直し、格安ＳＩＭへの乗り換えだけでも、毎月の支出はガツンと減らせます。見直しは面倒ですが、毎月必

ずかかるお金なので、ここを見直すのが一番です。

買い物に行くときは、買い物リストをつくっていきます。

「ついでにあれも買って帰ろう」をなくすためです。リストがない日は自動的に、買い物をしない日＝NMD（ノーマネーデー）になります。その日は衝動買い防止のため、念のための1000円以外は持ち歩かないようにしています。

○個で○％OFFや、○○円で送料無料などの「合わせ買い」には乗らないようにしています。

本当に欲しいものがあるならいいのですが、合わせ買いのためにわざわざ買うものを探すことが多いものです。結局使わなかった……という場合、損でしかありません。

よくよく考えると、合わせ買いに乗らず元の値段で買ったり、送料を払ったりするほうが安くつくのがほとんどです。

コンビニは誘惑が多く、スーパーよりも高いものがほとんどなので、「富裕層が利用

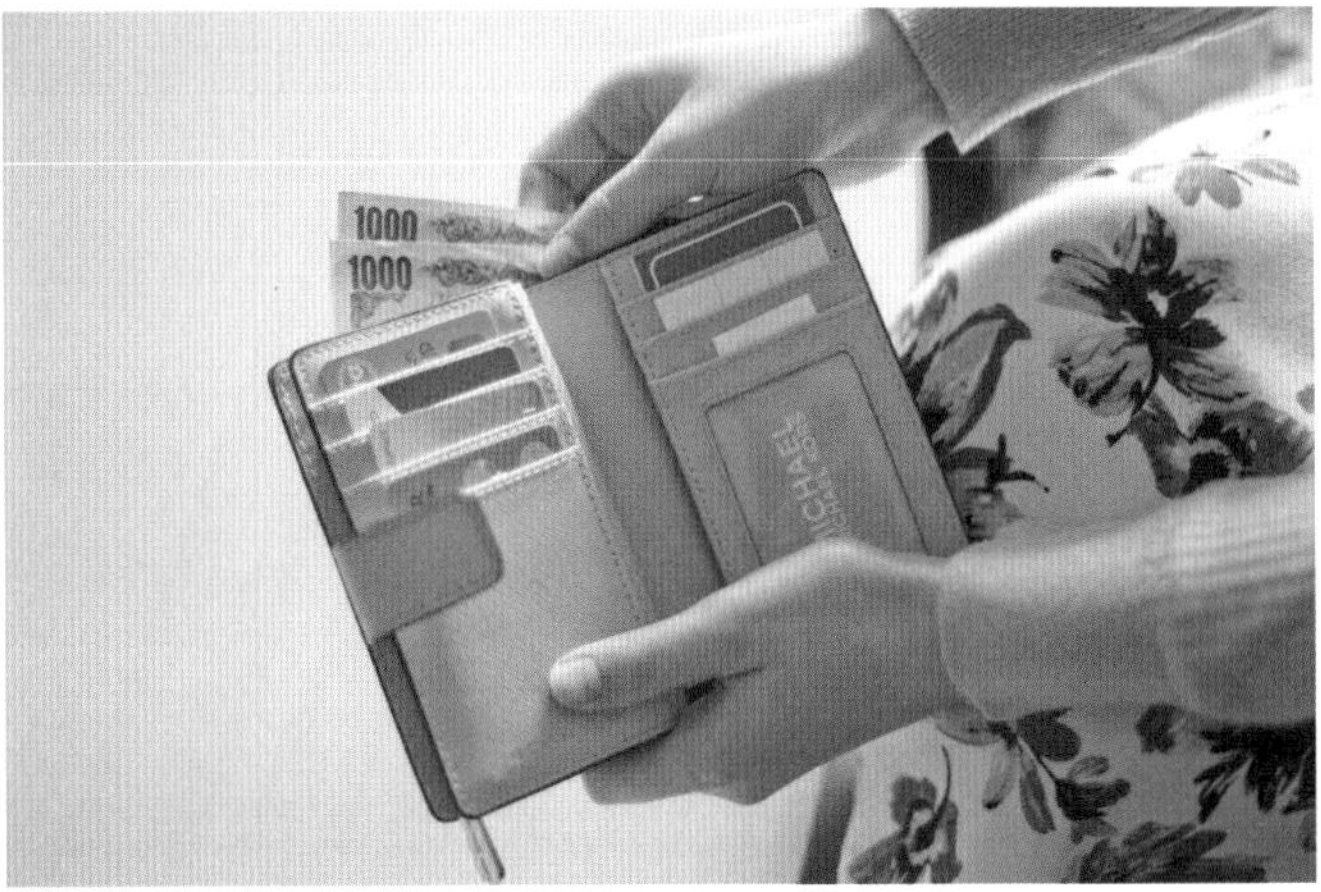

財布はマイケル・コース。クレジット払いが多いため、現金は少ししか入れていません。カードは楽天クレジットとポンタカード、Tカード、dカードのみ。

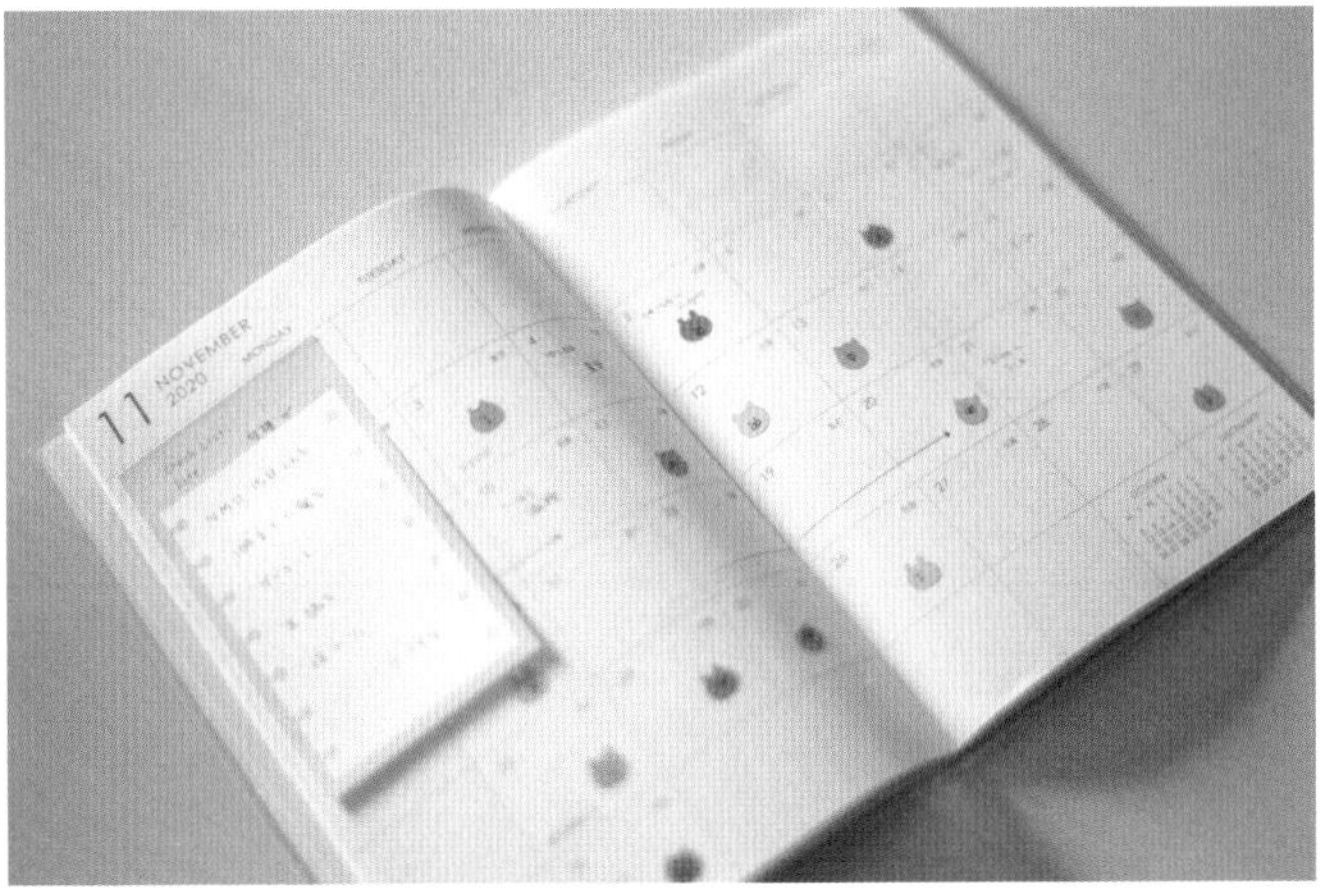

NMDの日は手帳にシールを貼って励みにしています。 左の付箋は1ヵ月の目標リスト。「目指せ、NMD15日以上」「運動する」「英語の勉強（楽しめる程度に）」など。

突っ張り棒とS字フックで吊るす収納を。サッと野菜や
果物を切りたいときなどに使う小さいまな板や、お玉や
キッチンバサミ等使用頻度が高いものを掛けています。

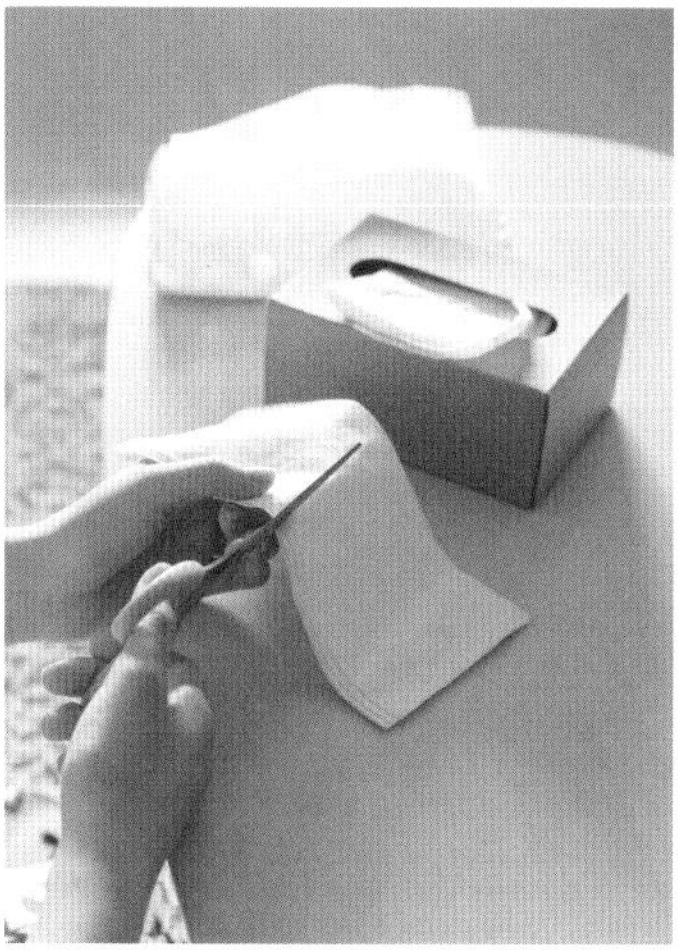

無印良品のケースには半分サイズのティッシュが入りますが、専用のものは高く、通常のティッシュを半分に切って入れています。

お湯は電気ケトルで。ガスで水から沸かすより、電気ケトルのほうが節約になると聞き、愛用しています。

する場所」と思い、なるべく行かないようにしています。便利なんですけどね。

スーパーが閉まった時間でも、今すぐ欲しいものがない限りは我慢するようにしています。そうすると、夜中にお酒が飲みたくなっても我慢できます。

たった500円の出費でも、100回繰り返せば5万円の出費です。それなら、もっと良いものを食べたいと考えて、乗り越えます。

食費は毎月8000円が目安です。安いスーパーや業務スーパーを利用し、自炊しています。料理は得意ではないですが嫌いではないので、ご飯をまとめて炊いて冷凍したり、おかずの作り置きをしたりして、料理をする元気がない日もおうちご飯ができるように工夫しています。

準備するのもしんどいというときは無理せず、おかずだけ買ってきて家で食べることもあります。

業務スーパーのおすすめは、2キロの鶏むね肉、オートミール、パスタ、ミックスベジタブル、もち麦、大容量のウインナーなどです！

他には無印良品のティッシュケースのかわいさに一目惚れしたのをきっかけに、ティッシュを半分にカットして使うようになりました。

それからは、ティッシュって半分サイズでも事足りるんだなと思い、映画を見て号泣するとき以外は節約も兼ねて半分サイズを使っています！

おしゃれは大好き。プチプラを上手に着回す

洋服やアクセサリーを買うタイミングは、「手持ちのものにときめかなくなったとき」です。一目惚れで購入することもありますが、手持ちのものと入れ替えてでも手に入れたいか、考えてから買うようにしています。

プチプラでも高見えする洋服が増え、ルールを決めないと買いすぎてしまいそうなので……。

洋服は、着回しが苦手な私でも着回しできるのか、事前に手持ちの服を見直して考えます。着回しやすいシンプルな服、ワンシーズンで終わる流行の服などは、ＧＵやユニクロで購入するようにしています。このとき、即購入するのではなく、一度他の通販サイトなどを見て、もっと安くて似ているものはないか探すようにしています。

柄物はチープになりがちと聞いたことがあって、プチプラで購入することもあります

クローゼット。左から、アウター・ボトムス・トップスという順番にしています。シーズンごとにすべての服を掛ける収納にし、畳む手間を減らしました。

が、本当に気に入って長く使えそうな柄物なら、少し高いブランドで購入してもいいと思ってます。

GUやユニクロ以外にも、fifth、神戸レタス、tocco closetなどがお気に入りです。

数年前までバッグが大好きで、プチプラだからと言ってかなり持っていました。でも、お気に入りの使用頻度は高くなるけれど、他のものはほとんど使わない。どんなに安くても、持ちすぎるとコスパが悪く、無駄遣いをしていると気づきました。

プチプラで気に入ったものが見つかる

プチプラ着回し例

夏

トップスはGU、オールシーズン使っているスカートはJUSGLITTYのもの。バッグはOPAQUE.CLIPです。

トップス、パンツ共にGU。パンツも左のスカートと同様、オールシーズンです。バッグはFURLA。

冬

上のスカートを冬用に。トップスはtocco closet、バッグはFURLA。コートはGUです。

上のボトムスを冬のスタイルで。トップス はユニクロ、バッグはH&Mです。コートはSLY。

に越したことはないですが、値段に関係なく、気に入ったものを大事に使うようにしています。

コスメも次々新作が出て、惹かれるものは多いですが、各2個までと決めています。持ちすぎないことを意識しています。

スキンケアをデパートコスメで揃えていた時期もありました。でも、もったいなくて大胆に使えず……。使いきったタイミングでプチプラに戻しました。高いものからの切り替えで、「肌が大丈夫かな?」と少し不安でしたが、とくに変化はありませんでした。スキンケアは値段ではなく、毎日きちんとケアするのが大切なのかもと気づかされました。

とはいえ、スキンケアは大好きなので、余裕があればデパコスで揃えたい気持ちもあります!

八方美人を演じて苦しくなる自分。ようやく出会えた働きやすい仕事

自分のことを好きな人は2割、自分のことを嫌いな人は2割、別にどうでもいいという人は6割、ということは知っています。

自分を嫌いな2割の人に好かれようとするより、好きだと思ってくれる2割の人を大切にし、別にどうでもいい6割の人に好かれる努力をするのがいいとも聞きます。

でも私は、人の気持ちを考えすぎ、人からどう思われているかを異常に気にしてしまうところがあります。

他人はそんなに私のことを考えていないし、私に興味を持っていない人がほとんどということも理解はしていますが、どうしても気にしてしまい、八方美人を演じてしまいます。

そんなふうに自分を「つくる」ことがしんどくなり、大切にしたかったはずの関係を絶ってしまうこともあります。

友人に相談しても「普通にしてたらいいよ」と言ってくれますが、学生時代から気にして生きてきたので、正直その普通とはどういうことなのか、逆になぜ他の人はそんなに気にならないのか、わからないままです。

そんな私ですが、人と接するのは好きで、これまでアルバイトも含め接客業メインで働いてきました。

もっとスキルを活かしたいと考え、転職で販売職を選びました。ですが、売上優先・ノルマのある仕事だったので、お客様の希望と違うものでも売ることを強いられ、罪悪感に苦しめられました。成績もなかなか上げられず、評価を気にする生活で、おかしくなりそうでした。そんな生活が長く続けられるわけもなく、仕事も続きませんでした。

退職後はハローワーク等のサポートを受けながら、自分を見つめ直しました。トライアル雇用などを試し、今の自分に合った環境で働ける仕事を見つけられました。

仕事につまずき、収入もない中でのひとり暮らし、しんどく不安に思うことはありました。けれども、ハローワークはもちろん、ユーチューブのコメントでもアドバイスをもらったり励ましてもらったり、たくさんの人に支えられて生きていると気づくことが

郵 便 は が き

（切手をお貼り下さい）

170-0013

（受取人）

東京都豊島区東池袋3-9-7
東池袋織本ビル４Ｆ

㈱すばる舎 行

この度は、本書をお買い上げいただきまして誠にありがとうございました。お手数ですが、今後の出版の参考のために各項目にご記入のうえ、弊社までご返送ください。

お名前	男・女	才
ご住所		
ご職業	E-mail	

今後、新刊に関する情報、新企画へのアンケート、セミナー等のご案内を郵送またはＥメールでお送りさせていただいてもよろしいでしょうか？

□はい　□いいえ

ご返送いただいた方の中から抽選で毎月３名様に
3,000円分の図書カードをプレゼントさせていただきます。

当選の発表はプレゼントの発送をもって代えさせていただきます。
※ご記入いただいた個人情報はプレゼントの発送以外に利用することはありません。
※本書へのご意見・ご感想に関しては、匿名にて広告等の文面に掲載させていただくことがございます。

◎タイトル：

◎書店名（ネット書店名）：

◎本書へのご意見・ご感想をお聞かせください。

ご協力ありがとうございました。

フラフープを家に置いています。運動のために、1日10分ほど回しています。日頃本当に運動をしないし、少しでもと思って。回している最中は無心になり、頭がスッキリします。

できました。

今の仕事に就くまでの道のりは長く、この先どうなるかはわかりません。

でも、回り道や後ろ向きに歩いているようでも、いつかは前に進めると信じています。

これからもマイペースに、無理のない程度にがんばって生き抜こうと思います。

#05 | トモ

年齢：46歳

居住地：西日本

仕事：会社員

ひとり暮らし歴：（通算）24年

1ヵ月の支出：15万円

30代で結婚・離婚を経験。以来ひとり暮らし。結婚時に購入したマンションの住宅ローンを全部引き取り、節約に励み数年で完済。44歳で甲状腺がんに。完治した今、これからの人生は自分がご機嫌でいられることに時間を使うと決意。

住まい

3LDK

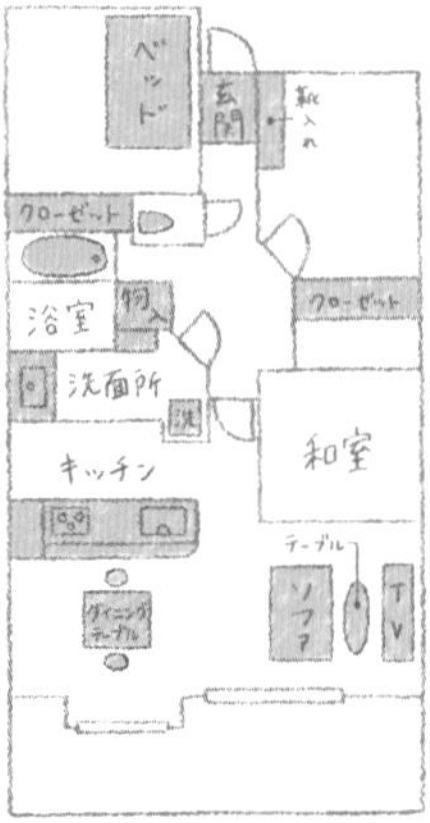

Blog

Tomolife

https://tomosdailylife.com/

Instagram,Twitter

@tomolife_bento

30代に結婚・離婚してから ずっとひとり暮らしです

ひとり暮らし歴は、大学生のときから30代で結婚するまでと、その後シングル生活をリスタートしてからの、20年以上になります。

20代のひとり暮らしでは、いつでも思い立ったときに何でも始められ、帰宅時間も自由にでき、やりたいことは何でもやっていい生活を満喫していました。一方で、この先ずっと独身なのは寂しそう、という漠然とした不安もありました。

幸い、30代で結婚を経験できました。夫となった人は、とても優しく思いやりのある人でした。日頃の家事のやりくりから、感動したり心が動いたりすることまで、何気ない日常をパートナーと共有できる生活は、「世の中にこんな幸せがあったんだ！」と思うほどでした。

それほどの気持ちを持っていたのに、夫のことを信頼できなくなってしまいました。価値観が合わない、ケンカばかりしてしまう……それを乗り越えて夫婦という形をず

っと続けていく人もいますが、私の場合、結婚を解消して正解でした。

独身の頃、ずっとひとりは寂しそうと、ただ想像だけで漠然と不安を感じていたけれど、毎日一緒に生活しているのに、お互いの気持ちがすれ違うほうが、ずっと寂しいことだと知りました。

家族ができると、朝の支度の段取り、ご飯を食べる時間、食べたいもの、お風呂に入る時間、そうした生活のすべては、家族のことも考えて調整するのが普通だと思います。夫と気持ちがすれ違っていても、夫婦を続けるのなら、それをずっと続けていかないといけません。

結婚を解消した私は、好きな時間に起きて、好きな時間まで夜更かしして、休日の朝食をスイーツにしたっていい。節約のしどころも、お金の使い道も、時間の使い方も、ぜーんぶが自分の思い通り。毎日家に帰るのが楽しみでたまりません。

以前の私と同じように、まだわからない将来を想像して、ずっとひとりは心配だから結婚したいと言っている友達がいます。私は、「結婚って、ひとりでいるよりもしんどいってこともありえるんだよー。私にはそんなにいいもんじゃなかったよ」と言ってしまいます（笑）。

数年で住宅ローンを一気に完済。当時の節約習慣は今も体にしみ込んで

就職してからのひとり暮らしは、結婚するまでずっと社宅暮らし。結婚と同時に賃貸に引っ越しました。

引っ越し先の環境は、スーパーが通勤途中に何軒もあったり、いざというときに病院も近かったり、ドラッグストアも書店もホームセンターも近くにあったりで、とても暮らしやすい街でした。何でも近くにあるこの街で、ずっと暮らせたらなと思っていたのです。

そうしたら、近くに新築マンションができたのです。これだけ気に入った土地だから、マンションを買って永住しようと思いました。

マンションは元夫と共有名義でしたが、ローンを組んで2年で離婚することになり、夫の残債を私名義に借り換え、住み続ける選択をしました。それくらい気に入っていました。良い住まいを買ったと思っています。

オープンタイプのキッチン。ゆったりした造りは分譲ならでは。ダイニングテーブルで過ごす時間も多いです。

ひとり暮らし自体は、気持ちの面ではとても前向きに再スタートできたけれど、住宅ローンという借金をひとりで背負っており、経済的には不安が少しありました。

オンラインで繰り上げ返済手続きをすれば、繰り上げ手数料がかなり少なくて済むと知ってからは、ボーナスが出るたびに繰り上げ返済を。

何よりも利息を減らすことを目標に、節約に励んでました。

貯金の残高を数万円しか残せないくらい、ハードな繰り上げ返済をしていました。思いきって返済に多くを回せたのは、

毎月の家計簿平均

住まい	28,885
食費	13,951
水光熱費	10,213
通信費	3,885
日用品	4,964
美容・衣服	13,772
娯楽	16,443
交際費	12,366
医療	4,988
車	6,619
医療保険	7,810
個人年金	10,000
合計	**133,896**

社宅暮らしのときから続けていた家計簿のおかげです。

生活費がどれくらい必要とか、これくらいは旅行に行くのにとっておきたいなとか、「自分の暮らしにかかる費用」のデータがしっかりたまっているので、そこから見通しをつけることができました。

家計簿をつけるのはまったく面倒ではなく、むしろおもしろいと思えます。たまったデータを分析するということが、好きなのかもしれません。


日々の支出は手書きで記録しています。そのほうが、お金の使い方への「気づき」が多いような気がします。時々、忙しくてまとめて何日分も家計簿を書くことがありますが、そういうときはちょっとした無駄遣いをしていたりします。それに気づくとまた、「あー、家計簿はやっぱりちゃんと書いておこう」と思います。

お金を使いすぎてしまったなと思ったときは、家計簿に書くのがイヤになります。でも、それが「次はお金を使いすぎないようにしたいな」と、しっかり意識することにもつながっています。

週末に作り置きします。それを中心に、平日は切り身のお魚を焼いたり、野菜をカットする手間をかけるだけのレンジ蒸しやサラダだったり、1品10分以内でつくれるものを。

甘いものが大好きで、ワッフルメーカーを自分への誕生日プレゼントに。週末の朝食もスイーツにするのが好きで、ワッフルの他にフレンチトースト、パンケーキをよくつくります。

旅先やお気に入りのカフェで見つけたり、内祝いでもらったり…。それぞれの食器に、出会ったときの良い思い出が詰まっています。奥のカフェケトルは月兎印。キャンプにも連れていきます。

住宅ローンは5年前に完済できました。現在、住まいにかかるお金は固定資産税と管理費・修繕積立費だけ、ひと月あたりにすると3万円をちょっと切るくらい。

それを含めた毎月の総支出は、平均するとおおよそ15万円くらいです。

借金を早く返したくて、ひとり1台が当たり前の地方に住んでいるのに車を持たないとか、ポイントカードは何枚でもつくって持ち歩くとか、料理が苦手なのに毎日手作り弁当を持っていくとか、光熱費を節約したくてリビングの照明も暗めだったりとか、エアコンをほとんど使わずに夏は扇風機で冬はダウンに湯たん

お弁当生活

職場にはお弁当を持っていきます。WECKの小瓶に味噌玉を。

お弁当を包む手ぬぐい。かわいい柄を見つけると、つい集めてしまいます。せっかくなので飾って置いています。

ぽとか、できるだけ美容院に行かずにセルフカットとセルフカラーリングでしのぐとか……。人に話すとびっくりされたり笑われたりしてしまうような節約をしてきました。ある本に書いてあったのですが、「小綺麗にして毎日笑顔でいれば、貧乏に見えない」ということに、とても共感しました。身なりをこざっぱりとして、笑っていれば、人に笑われてしまうような節約をしているのもバレません（笑）。

完済したら、ローコスト生活から卒業するんだろうなと想像していました。いざ完済してみると、その暮らし方は、何も考えなくても当たり前に自動的にそうやってしまう、いつもの習慣になっていました。

自分の通院と、高齢になっていく両親の住む実家への帰省のために、1年前に車を購入したのと、最近始めた趣味のキャンプにお金がかかるようになっていますが、それ以外の節約習慣はずっと続いています。

料理もそんなに苦手と思わなくて済むレベルになれたし！　習慣になってしまえばストレスフリー。我慢していると思うこともなく、貯金ができてきました。

寝室。基本のインテリアはナチュラルカラーがベースですが、このベッドシーツ、枕カバーのように明るいカラーを差し色にするのが好きです。

ベッドサイドテーブルの上に置いてある、ちょこんとかわいいキューブは消臭剤。日光浴させれば半永久的に使えるエコなもの。

冬は湯たんぽで暖をとります。寝るときベッドに入れるだけでなく、休日ソファでごろごろするときにも。

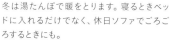

セルフネイル、エアロバイク、お菓子作り……家時間を充実させる方法はたくさん

平日は基本的に、会社と家の往復で、帰宅途中にスーパーに寄るくらいです。職場のお付き合いや社内の友人からお誘いがあったとき、月に1回くらい、会社帰りにお付き合い飲み会や外食をしますが、そうでなければ一刻も早く家に帰りたいなあと思っています。

平日の帰宅後の理想的なスケジュールは、

7時に帰宅、すぐにご飯

8時から翌日のおかずの仕込み。数日分の作り置きがあるときは、キッチンに立たなくていいので、ユーチューブ動画でのエクササイズかエアロバイク

9時からSNSやお気に入りブログを読んで休息

10時から湯船に浸かってゆっくりお風呂

11時にベッドに入る

おうち時間のほとんどは、ソファの上で過ごします。家にいるのが大好きなのも、居心地の良いこのソファのおかげでもあります。社宅時代は畳生活だったのでソファ生活に憧れていました。

ダイニングテーブルの横にあるスタンドには、メイク道具が。明るいこの場所でメイクをしています。コロコロとウエスもスタンバイ。

手作りお菓子やプチギフトで使うマスキングテープ。かわいいので、あえて「見せる収納」として飾っています。

ジェルネイルのキット。5年以上続けています。最初はコストがかかりますが、長く使えるもので、今は1回あたり1000円以下に。

Amazonセールで1万円台で買えたエアロバイク。連続使用は30分までという仕様ですが、ちょうどいい時間。テレビを見ながら。

でもやっぱり、ご飯の後にネットサーフィンしてしまったり、SNSやブログやネット通販を見ていると切り上げられなかったりで、エクササイズをすっ飛ばしたり、寝るのが12時になってしまったりも……。

週末も家で過ごすのが大好きです。

友人と野球の応援に行ったり、ランチやお茶をしたりといったことが月1回くらい。また、車で2時間の実家に帰省するのが月1回ペース。ソロキャンプという新しい趣味ができたりで、最近は外出する機会も増えていますが、基本は家で過ごします。

ここ数年、キャンプによく行くのですが、昨年チャレンジしてからハマっている、ソロキャンプ。ギアを集め、冬でも快適にキャンプ泊しています。焚き火を眺めながらのビールは最高！です。

ブログを書いたり、セルフでジェルネイルをしたり、平日にはできない長めのエクササイズをしたり。手帳に日記とか、やりたいことリスト、欲しいものリスト、家計簿など、いろいろな生活ログをつけたり……。

やりたいことがありすぎて、あっという間に日が暮れます。

平日は仕事しかしていないと、週末にまとめてする家事が楽しいということもあります。

少し丁寧に洗濯してみるとか、部屋を片づけて持ち物を整理してみるとか。

週末にするちょっと丁寧な家事は、気分を良くしてくれます。

44歳で甲状腺がんに。これからの時間は機嫌良く生きるために使いたい

44歳のとき、甲状腺がんが見つかりました。

がんが見つかる直前は、今思うと不思議と人との縁が強くなっていた時期でした。学生時代から20年来の気のおけない友人たちと5年ぶりに集まったり、入社同期で住まいも近い友人が同じ事務所に異動してきたり、40歳過ぎてから仲良くなった友人と泊まりがけで野球の応援に行っていたり。実家にもちょっと危機的な状況が起きていて、両親や兄とそれまでよりも頻繁に連絡をとるようにもなっていました。

自分に起きたことを打ち明けられて、聞いてもらえて、気持ちの面でも、入院から退院後の衣食住のことでも、心配して支えてくれる人がたくさんいました。ありがたく、思いっきり甘えて頼らせてもらいました。

万一のときに家族がいない不安とか、老後に独身は寂しいんじゃないかとか、ひとり

暮らしをしていると心配になることがあると思います。私も不安に思うときがありました。
けれども、万一のときにどうなのか、寂しいかどうかというのは、ひとり暮らしか家族と暮らしているかどうかではなくて、家族でも友人でも、「頼らせてほしい」「頼っても大丈夫なんだよ」という関係があるかどうかだと、今は思います。
がん発覚から治療の間、友人や離れて暮らす家族からは受け取るものばかりだったし、与えてもらったものが大きすぎて、まだ何も返せていません。ずっと大切に、これから返していきたいと思って

リビングに隣接する和室。普段はほとんど使っていませんが、来客があるときに。畳の部屋がひとつあるとホッとします。

引き出して広げられるテーブル。ディノスで購入。

います。

がんと診断されてから1ヵ月くらいで手術まで進んで、そこまではあっという間でした。手術後からが本当に、痛いし、痛くてできないことがたくさんあるしで、病気のつらいところをやっと思い知ったというところ。

幸い、がん治療はうまくいきました。

ダイハツのミラココア。1年前に中古で購入しました。現在は生産終了とのこと。後部座席に荷物を積んで、キャンプに行きます。車中泊もしました。車はやっぱりあると便利。

「がんのできている場所が良くない」から、手術によって声が出にくくなる、手足が痺れるなど後遺症が残る可能性、最悪は窒息して死ぬなど、執刀医からそこまでのことを言われていました。でも今、ほとんど完璧に元気です。

手術後から治療中はあっという間に過ぎましたが、その短い間に、こんなにつらい思いをして生きることを選択したのだし、これからの人生の時間は貴重で、できるだけ自分がご機嫌になるように時間を使っていきたいと強く思ったのです。何でもできる元の体に戻れたのだし。

40代にして、「何をしていれば自分が

一番ご機嫌でいられるのか」という自分探しを、やっと始めたところです。

私の場合は、1日のうちの8時間もの間を会社勤めに使うのが惜しくなっています。組織に所属しながら、そこで自己実現できれば一番ありがたいのですが、私はそうではなかった。組織からのプレッシャーが重たくないところで、楽しい働き方ができれば、そうしたい。

住宅ローンもないし、家族がいたら家族の生活の心配もしなければならないだろうけれど、離れて暮らす両親の心配だけでよく、蓄えもできてきている。


自分探しは始まったばかりだけれど、これからどういう選択でもできると思えています。もう少し貯金を増やしたらセミリタイアして、フリーターになるとか。マンションの部屋が余っているから、2人までの少人数で学生さんの下宿屋ができないかなとか、そんなことを考えたりします。

これからの時間は、できるだけ楽しいことに使うと心に決めていて、何をしようかと思うだけでもワクワクしてしまいます。

左のサンスベリアは母からの贈り物。10年近く元気です。右のポトスは百均で購入。とても育てやすく、手のひらサイズがこんなに大きくなってくれました。

#06 | あおみ

年齢：30代

仕事：パート

ひとり暮らし歴：4年

1ヵ月の支出：10万円以下

自分のペースで生きるため、週3日の低収入パート勤務を選択。家でのひとり時間をこよなく愛する。ワンルーム4.5畳、生活費月10万円以下、ガス代0円の暮らしはYouTubeで大きな反響を呼ぶ。その一本芯の通った生き方にはファンが多い。結婚願望ゼロ、独身を貫く覚悟。

住まい

1R（4.5畳）

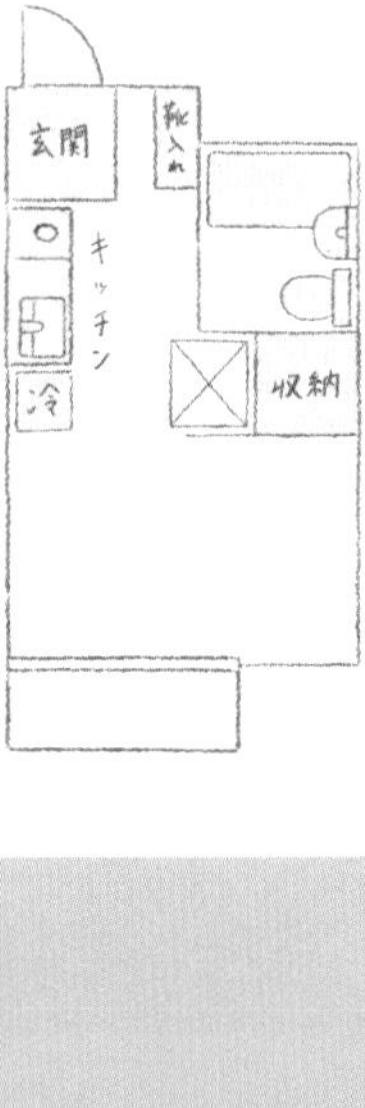

YouTube

結婚願望ゼロ独身パート勤務の暮らし

チャンネル登録者数7.35万人
（2021年3月23日現在）

パート週3日の低収入で生きることを選びました

現在パート従業員として、少しの時間だけ働いています。労働時間が少ない分、収入も少ないのですが、自由な時間がたくさん欲しくて、この選択をしました。

パートとして働く前は契約社員をしていました。

毎朝決まった時間にアラームで起きて、食欲がないのに、仕事中にお腹が空かないように朝食を無理矢理詰め込み、出勤。毎日同じ席に座り、同じ人と顔を合わせる。同じことの繰り返しで、ただただ過ぎる毎日。

そんなとき、仕事中に窓の外を見たら、すごく良い天気だったのです。

その瞬間、「布団が干したい」と思いました。

こんなに晴れているのに、私はこんなところで何をやっているんだろう。とくにやりがいもない、楽しいわけでもない仕事をしているこの時間に、何の意味があるんだろう。

こうしている間にも、人生の時間はどんどんなくなっていく……。

私はここで、こんなことをしている場合じゃないと思いました。

人生の時間は限られているから、イヤだと思いながら過ごす時間はもったいない。イヤなことはしない人生にしたい。

無職になってもしばらく生活ができるぐらい、貯金も貯まっていました。約1ヵ月後、退職しました。


私は、几帳面で変なところで生真面目で、いろいろ気にしてしまうので、毎日外に出て、人と一緒に過ごす時間が長いと、すごくエネルギーを消耗します。

頭痛や腹痛も毎日のようにあり、薬を飲むのは身体に悪いと思いながらも、痛みが我慢できなくて仕事にならないため、鎮痛剤をよく飲んでいました。

もう少し寝ていたいとか、今日は頭痛いし行きたくないと思ったりしながら出勤するのも、すごくきつかったです。人と過ごす時間が長く続くと、メンタルも下降気味になり、家に帰ると泣いていました。

先輩より早く出勤して掃除をしたり、サービス残業をしたり、交通費も出ないのに電

車で通っていた職場もあったりなど、これぐらい当たり前のことかもしれませんが、今の私からすると、すごくがんばっていたと思います。

そのときは、とにかく何か仕事をして収入を得るということしか考えていなかったのです。とりあえず貯金を増やさないと、という気持ちでした。

退職後の解放感は、正直言って、最高でした。

毎日が自由でアラームいらず。目が覚めたときに起きれば良い幸福。アラームで起きることはすごくストレスだったんだと思いました。

ご飯も好きな時間にのんびり食べられて、お腹の調子も良好。

頭痛や腹痛があっても、何も支障がないし、ゆっくり休めるのだから鎮痛剤をやめてみようと思い立ちました。でも不思議なことに、退職してからは頭痛も腹痛も自然と軽くなり、薬に頼ることはなくなり鎮痛剤は捨てました。


それから数年間、家で写真を撮ったりネットをしたり、好きなことをしながら引きこもり、たまに旅行をしたりなど、とにかく自由に過ごしました。

そうこうしているうちに、貯金も減って筋肉も衰えてきたので、そろそろ働こうかなと思い、パートを始めました。

家計簿はずっとつけていて生活費は把握しているので、それに合わせて収入（勤務時間）を決めました。働き始めてまた自由な時間が少なくなったり、人と過ごす時間が多くなったりするのは避けたいし、人生という限られた時間の中に仕事ばかりを詰め込みたくないので、週40時間のフルタイム勤務は選びませんでした。

それから、私は朝が苦手で完全に夜型体質なので、朝早い時間の勤務を避け、今でもアラームなし生活をしており、朝食をのんびり食べることができています。

そのおかげで、頭痛や腹痛はほとんどなく薬を飲まずに済んでいます。

パートは初めてだったのですが、勤務時間も日数も選べて、自分に合った働き方ができています。引きこもり体質なので、仕事がなければなかなか外に出ないので、パートで収入と筋肉を得られて一石二鳥です（笑）。

もともと低所得でしたが、パートの今が一番低所得。でも、今が一番自分らしく生きていて幸せかもしれません。

あらゆるストレスが減り、メンタルも徐々に上向きに。「心のための働き方改革」をしたと思っています。

ガス代0円、電気代1000円。ワンルーム4・5畳の豊かな暮らし

低コストで生活すれば、低収入でも生きられます。

10代の頃からあまりお金を使わないタイプなので、自分では節約しているつもりはあまりありません。

無駄なものにお金を使いたくないというだけです。

部屋はワンルーム4・5畳で、狭いですが、ひとりなら問題ないです。

掃除がラク、エアコンが効く、電気代が安いなど、狭いゆえのメリットもあります。

・ガス代0円

入居するアパートのガスはプロパンガスなのですが、高くて価格が見合っていないので契約する気になれませんでした。キッチンがＩＨなのと、職場に自由に使えるシャワーがあるので、これはガスなし生活ができるのではと思い、試してみました。

毎月の家計簿平均

住まい	**非公開**
食費	**20,000**
水光熱費	**3,000**
通信費	**700**
日用品	**5,000**
美容・衣服	**2,000**
娯楽	**1,000**
合計	**100,000以下**

さつまいもは栄養満点なのでよく食べます。焼き芋にしたり味噌汁に入れたり。この日はさつまいもスティックにしてみました。

お風呂掃除をしなくて良いというメリットはありますが、やっぱり落ち着かないので、家でのんびり入るほうが良いです（笑）。

シャワーやお風呂のあるジムに通うことも考えたのですが、出不精の自分が毎日通えるのか、というか、そもそも知らない人と同じ空間で運動するのは無理と思い、断念しました。

それに、ジムの会費はプロパンガスより高いので、おとなしくガス代を払ったほうが良いということになります。

そのうちガスの契約をする気になるか、もしくは転職をしてシャワーが使えなくなり契約せざるを得なくなるか、はたまた都市ガス物件に引っ越す機会があるかもしれない、などと思いを巡らしつつ、ガスなし生活継続中です。

こんなことができるのも、ひとりだからこそです。

キッチンも水しか出ないのですが、それはまったく問題ありません。

顔を洗うのも食器を洗うのも元々、水派です。

手袋をはめて食器洗いをすれば、冬場の水もつらくありません。落ちにくい油汚れはあらかじめティッシュで拭き取って。

食器洗いはゴム手袋をはめるので、冬でも大丈夫です。油が多いときはティッシュで拭き取ってから洗います。熱いうちに洗ってしまうのも手です。

食後に油の多いフライパンや鍋を洗うときは、水を入れて40度くらいまで温め、油を落としやすくします。

魚が好きで、よくフライパンで焼いて食べるのですが、魚の脂や匂いは落とすのが大変なので、アルミホイルを蓋代わりにしたり、クッキングシートを敷いて焼いたりします。

これで、魚を焼くハードルがだいぶ下がります。

部屋が狭く、家具はテーブルと椅子くらいしか置いていません。キャスター付きのテーブルは動かしやすく、掃除がラク。掃除機はマキタのスティッククリーナー。

・電気代約1000円、水道代約2000円

部屋が狭くて家電も少ないこともあり、電気代は元々安かったのですが、電力会社を変えてから月500円ほどさらに安くなりました。

家でお風呂に入らないということに加えて、洗濯機がないのも、電気代と水道代が安い理由のひとつです。

洗濯機置き場はあるものの、洗濯機を置くと狭くなるのと、引っ越すときが大変なので置いていません。そのスペースをクローゼット代わりにして服やバッグを置き、洗濯は手洗いやコインランドリーを利用しています。

とはいえ、洗濯機はあったほうが、確実に便利です。

どうせ買うならドラム式がほしいので（今は狭くてドラム式が入らない）、いつかもう少し広い部屋に引っ越すときがあれば、買うと思います。

それとアパートの構造上、冬場にとても暖かく、暖房器具をあまり使わずに済んでいます。同じ地域のアパートと比べても、驚くぐらい室温が違います。住んでみてわかった、意外なメリットでした。

ただその分、梅雨や夏の湿気がすごいです。これも住んでみてわかったデメリット。家具にカビが生えるので、木の素材の家具は避けています。

・通信費700円

スマホとガラケーの2台持ちです。スマホは格安SIMのデータ通信専用1GBを利用していて、約700円です。

ガラケーは家族が契約しているもので、スマホ時代の今は待ち受け専用と化しており、月額0円です。たまに通話をしたときに、20円か40円かかる程度です。

Ｗｉ-Ｆｉ無料物件なので、通信費はデータＳＩＭの７００円のみです。ネットはもっぱら家でするので、１ＧＢでも余るほど。外ではツイッターやＬＩＮＥで情報を見たり、電子マネーで支払いをする程度。スマホではユーチューブなどの動画を見ることもないし、そもそもアプリをあまり入れていません。ユーチューブの動画アップ、動画編集はｉＰａｄでします。

ＬＩＮＥの「友達」も、家族以外は職場の人が数人。転職したら、どんどん消してアップデートするので、増えることはありません。

学生時代の友人はおらず、以前の職場で知り合い、今でも連絡を取り合う友達が２人います（会うのは年に１回あるかないか）。ＬＩＮＥの「友達」は公式アカウントの方が多いです。

ガラケーの連絡先も家族と友人２人、職場と病院ぐらいで、機種変更で移行するときも手入力で済みます。

・交際費、交通費0円

仕事以外はほとんど家におり、人付き合いもないので、交際費や交通費もゼロ。電車やバスに乗るのも好きではないので、買い物のときは歩いたり、自転車を利用したりします。

とくに運動をしておらず、徒歩や自転車の移動が運動代わりになっています。

家でひとりで過ごすのが好きな、超内向型の性格なので、人と関わることが少ないこういう生活がすごくラクで、充足感が得られます。

絶対誰とも会いたくない、誰とも話したくないというわけではなく、慣れた相手となら話すのも楽しいです。とはいえ、職場で人と話す機会があるので、それぐらいで十分。ひとりの時間がたくさんあることが、私にとって何より大切です。

物も生活費も、必要最低限で暮らしたいと思っています。自分にとって必要なものを自分で選択するという自由を楽しんでいるところです。

食べることが大好き。1つだけのコンロで工夫して調理

食欲旺盛の食べ盛りなので、食費は削りません。食べることが趣味。節約のために安い食材を食べるというようなことはしません。食べたいものを食べます。

食費は、お菓子や飲み物などを含めて、平均して月2万円ほど。生きる基本である食を制限したくないので、予算は決めません。食べたいものがたくさんあった月は3万円ぐらいになったりもします。

でも、今月は高かったから来月は節約しようといったこともしません。誰の手も借りずに自分で食事ができるうちに、生きているうちに、好きなものを食べたら良いと思っています。

外食はほぼしないので、けっこう食べている割には安いのかもしれません。

ちなみに外食をしないのも、節約のためではなく、疲れるからです。

知らない人（店員さん）に会って、知らない人（お客さん）がいる空間で食べるのは

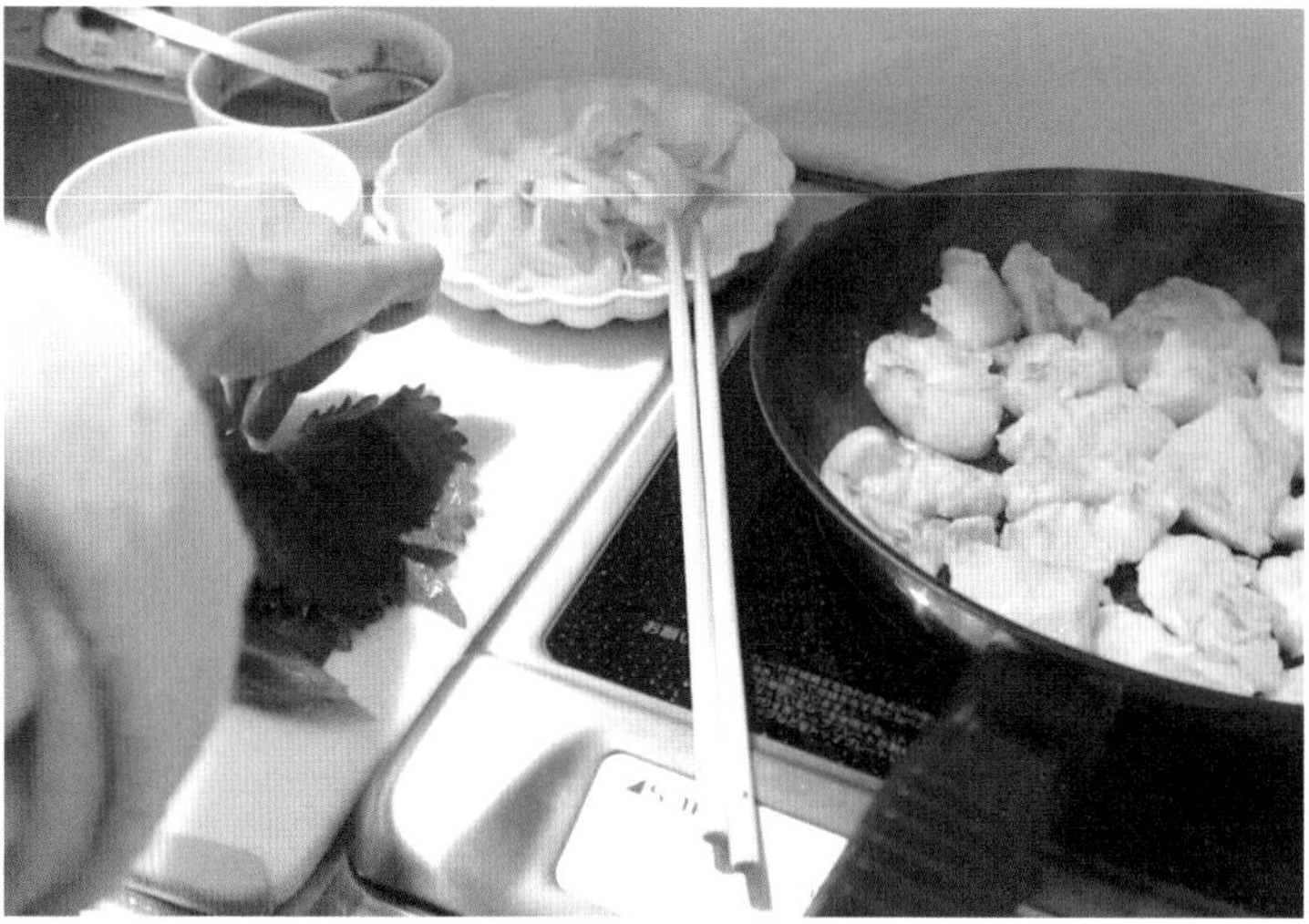

コンロは1口しかありませんが、ほぼ自炊で回しています。この日のメニューは、鶏むね肉のケチャップ炒め。

エネルギーを使います。
テイクアウトも少し緊張しますが、外食よりはラクなので時々しています。

そうは言っても、毎日自炊するのは大変なので、サボることももちろんあります。お菓子を食べたり、インスタント食品も食べたりします。

面倒な自炊を続けるコツとしては、玉ねぎ、人参、ネギ、ニラ、ピーマン、キノコ、大根、ニンニク、生姜などの食材を切って冷凍保存することです。
千切り、乱切り、みじん切りなど複数の切り方をすると便利。
包丁を使わずに、ご飯が完成すること

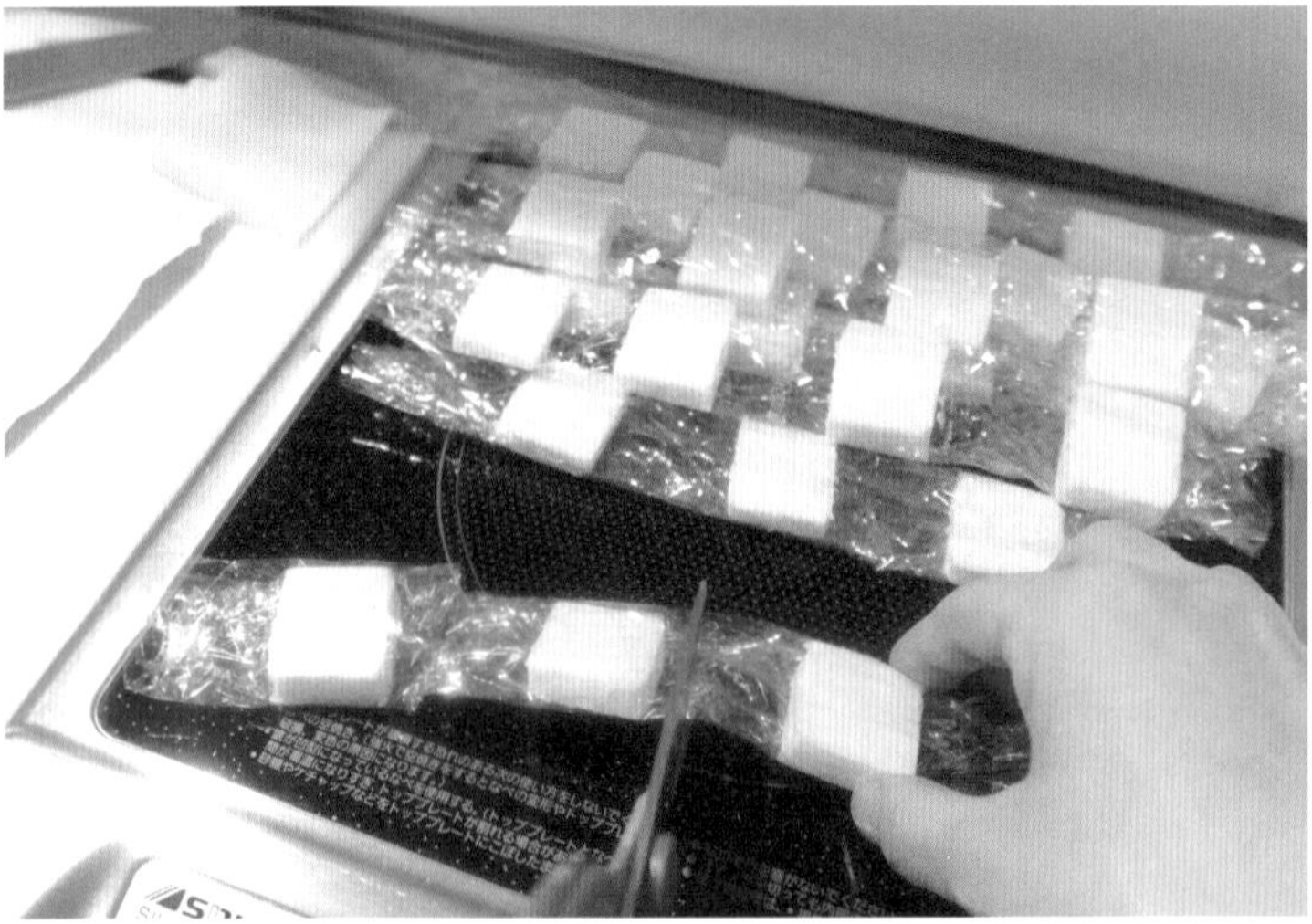

バターは10gずつ切り、ひとつずつラップをして冷凍。こうしておくと、使うたびに包丁を汚すことがなく便利。バターはパンケーキやトーストに使います。

も多々あります。

ニンニクや生姜は買ってきてすぐにスライス、みじん切り、すりおろしの3通りで保存して、炒め物や揚げ物に使います。

地味な作業ですが、料理のたびに作業するよりもラクだし、傷んで無駄にすることもありません。チューブのものを使うより何倍も美味しいです。

料理の際に毎回食材を切ると時間もかかり、洗い物も増えて億劫なので、ラクをするために冷凍保存をしています。新鮮なうちに処理して冷凍しておけば、食材が傷んでしまうことがないし、結果的に節約になっていると思います。

よく食卓に並ぶ、イワシの丸干し。魚が大好きで、いつも冷凍庫にストックしています。

唐揚げ定食。たっぷり食べます。味噌汁は具だくさんに。

ちくわの磯辺揚げ、カレー粉入り。驚くほどご飯が進みます。さつまいもの味噌汁。

卵たっぷりの焼きビーフン。食器はどちらも益子焼。

冷凍してあった、ひじきの煮物で、ひじき炒飯。レタスと卵を足して。

手作りハンバーガー。ポテトはセブンの冷凍ポテト。レンジで温めるタイプ。

肉や魚も小分けにして冷凍しています。

冷凍庫にいろいろ入っていれば、買い物に行かなくてもご飯がつくれるという点も良いです。節約のために買い物の回数を減らすというのもよく聞きますが、引きこもりの私はなるべく外に出ないで済むように、冷凍保存しています。

ご飯、うどん、野菜、肉、魚、薬味、バター、チーズなどが常に入っている冷凍庫は、もはや宝箱です（笑）。

コンロがひとつしかないので、なるべくスムーズにつくれるように、料理の手順を考えます。

ご飯はお鍋で炊いているのですが、その都度炊くことは手間だし、ご飯かおかずかどちらかが冷めてしまいます。3〜4合まとめて炊いて冷凍し、レンジで温めて食べています。

ベッド、洗濯機、タオル、ゴミ箱…ミニマル節約生活の持たないもの

・洋服

元々服は好きでたくさん持っていたのですが、収納がぎゅうぎゅうになっているのを見て、なんだか良い気分がしないということに気づき、減らすことにしました。少なくとも収納ケース8個分は処分したと思います。6年ほど前から取りかかり、最近ようやく落ち着きました。

パジャマやインナーなどを除いて、外に着ていく服はオールシーズンで22着です。お出かけ用や通勤用など用途別に分けているので、ミニマリストさんのようには減らせていません。

現在は、通勤着8着、お出かけ用9着、防寒用4着、スポーツウェア上下セット1着です。

今後様子を見ながら、もう少し減らす予定です。

洗顔やリップなど含めて、スキンケアとコスメはこれで全部。シンプルな成分で、お湯で落とせるものを選んでいます。もっと減らせないか思案中。

服を減らすと、服が欲しいという欲がなくなり、被服費がほぼゼロになりました。たまに靴下やインナーを買うくらいです。

冠婚葬祭用の服は、今の人間関係だと不要なので持っていません。

おしゃれで気に入っているけれど、着脱に時間がかかる服や、手入れが面倒なデリケートな素材の服を手放し、時間も浮きました。

数が少なくなることで、出かけるときに服を選ぶ時間も必要なくなり、とても気分が良いです。

・コスメ

化粧はしないで済むならしたくなくて、仕事のときなど人に会う際に日焼け止め下地とパウダー、チーク、口紅をつけるぐらいです。

化粧はすればするほど時間もお金もかかるし、落とすのも面倒なので最小限にしています。今は常にマスクなので、何もしていません。

スキンケアも保湿ができれば良いので、化粧水と保湿クリームのみです。

他にはハンドクリーム、リップクリーム、髪につけるオイルです。ぬるぬるしたトリートメントが嫌いなので、お風呂ではシャンプーのみで、ドライヤーで乾かすときにオイルを使います。

・タオル

ひとり暮らしを始めるときに、なるべく物を増やしたくなかったので、元々防災用に持っていた手ぬぐいを使ってみたら、それで十分でした。白い無地の手ぬぐいを10枚買い足しました。

キッチンやお風呂など、すべて手ぬぐいを使っています。かさばらない、すぐ乾く、生乾きの臭いとは無縁で、良いこと尽くしです。

・マット

お風呂なし生活だから、そもそもバスマットは不要。キッチンはその都度さっと床を拭けば済むし、洗濯機がないためマットがあると逆に大変なので、持っていません。

・ゴミ箱

視界にゴミ箱が入るのがイヤだし、部屋が狭いので邪魔。ゴミ箱自体の手入れも手間なので、置かないことにしています。スーパーのレジ袋などをキッチン下の扉に下げています。

・ベッド

4・5畳には置く場所がなく、引っ越しが大変になるため、ベッドはありません。薄くて軽いマットレスを使っています。折り畳んで部屋の隅に置けば、部屋を広く使えるし、クッションやソファの代わりにもなります。処分するときも簡単なので、たとえど

ベッドは持たず、畳めるマットレスを敷いて寝ています。狭いゆえに暖房がよく効くので、冬でも大丈夫。足が冷えるときは、ゆたぽん（電子レンジで温めるジェルタイプの湯たんぽ）で。

れだけ広い部屋に引っ越したとしても、ベッドは買わないと思います。

他にも、車（維持費がかかる。事故がこわい。公共交通機関や徒歩、自転車を駆使すれば大丈夫）、テレビ（実家でも10年以上前に捨てた。大きくて邪魔。ドラマはネットで無料で見る）、ソファ（実家でも使わなくなった。必要性を感じず、今も持っていない）なども持っていません。

家電もなるべく増やしたくなくて、冷蔵庫なし生活を試してみたけれど、数週間で限界でした。常温で保存できるものだけで料理するのはなかなか難しく、お弁当やお惣菜が続くこともありました。毎日外に出たくないタイプなので、その日食べる分だけ買うというスタイルは難しく、冷蔵庫は必須だとわかりました。

布団はとにかく場所をとるので、なるべく持ちたくなくて、ニトリの温度調整掛け布団を買ってみました。夏用のニトリのコンパクトサイズの肌掛け布団も1枚あるので、この2枚で冬も大丈夫です。

冷え込むときはパジャマを重ねて着たり、靴下を履いたまま寝たり、ゆたぽんを使ったりすれば、布団を増やさなくても済みます。

今までは分厚い羽布団1枚、掛け布団1枚と、さらに毛布を2枚使っているときもありましたが（重くて寝返りが大変！）、前述したように今の部屋が狭くて暖かいので、思いがけず布団のスリム化に成功しました。

歳を重ねるごとに、物をどんどん減らして身軽になっていきたいと思っているので、どうすればもっと減らせるか考えるのが楽しく、趣味のひとつとなっています。

結婚願望ゼロ。ひとりで生きていく覚悟

人間は死ぬときに、いろいろな後悔をします。きっと様々な思いが起こるでしょう。それを今のうちから、ひとつひとつクリアしていきたい。いつ死ぬかわからないのだから、定年後や老後になどと考えるより、やりたいことは身体の動く、今するべき。死を考えて生きると、悩んだときにも道が定まったりします。

今、私が生きているのも、いろいろな偶然が重なったから。何度かがんの疑いがあったけれど再検査で異常なし、交通事故に遭っても軽傷で済んだし、消えてしまいたいと思って生きていた時期も乗り越えた。

つまり、今生きているだけで、私の人生はうまくいっているのです。

結婚願望も元々ゼロ。よく、ひとりで寂しくないのか聞かれるのですが、それが全然寂しくありません。

ソネングラス。間接照明として使っています。やわらかい光に癒やされます。ソーラー充電なので防災グッズにも。

今はひとりでもいろいろ楽しめる時代だし、人の心は変わるので、人といることで生まれる寂しさがあります。

人と一緒に生活をすると、食事の時間や睡眠の時間、もっと言うとトイレやお風呂の時間にも自由がなくなり、そのうえ家事が増えるだけ。結婚には税制上のメリット以外感じられません。

子どもも好きではないし、欲しいと思ったことも一度もありません。第一、自分の遺伝子を残したくありません。

いつ来るかわからない死のためにエンディングノートを書いたり、身辺整理を兼ねて物を減らしたりしています。

こんな生活楽しいの？と思う方もいるでしょう。だけど、私は自分でこの生き方を選んでいます。自分で選択した人生を生きるということが、人間にとって最大の幸福だと思います。

自分の人生、自分のもの。誰かのために生きるのではなく、自分のために人生の時間を使いたい。

イヤなことはしたくない。自分がストレスに感じることは避けて生きる。自己中と言われるかもしれませんが、そのとおり、私は自己中です。自分の人生だから、自分が中心じゃなきゃ意味がありません。

日々のストレスを回避しながら、死ぬときに後悔しないように、思いのままに残りの人生を生きたい。そう思っています。

#07 ｜ ショコラ

年齢：65歳

居住地：都内

仕事：パート

ひとり暮らし歴：23年

1ヵ月の支出：12万円

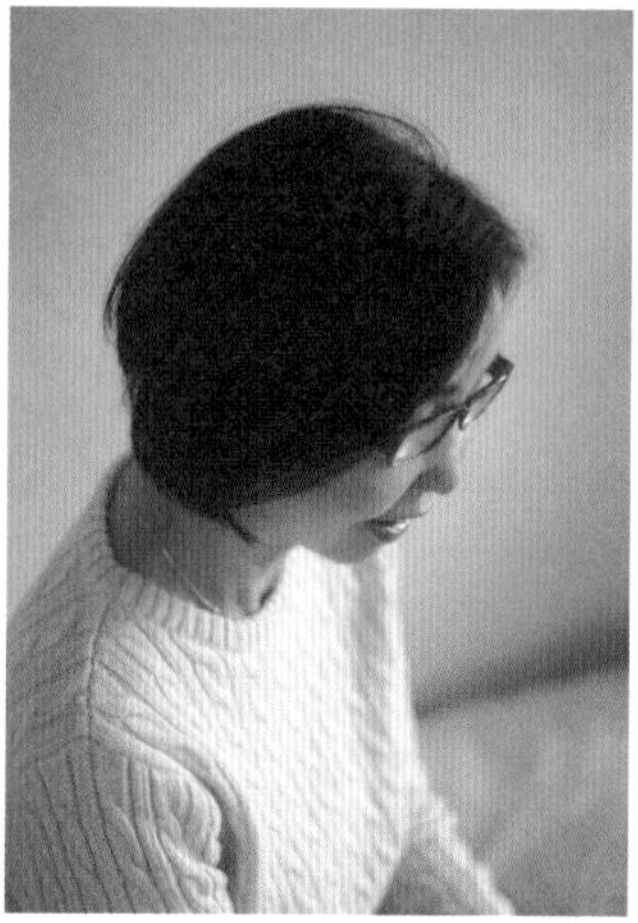

40代で離婚。定年まであと少しの57歳のとき、正社員だった営業職を辞め、パート勤務に。年金の出る今も月12万円生活を続ける。工夫して楽しく暮らすシニア生活を綴った『58歳から日々を大切に小さく暮らす』（すばる舎刊）はベストセラーに。ブログは月間60万PV。

住まい

1LDK
（42㎡）

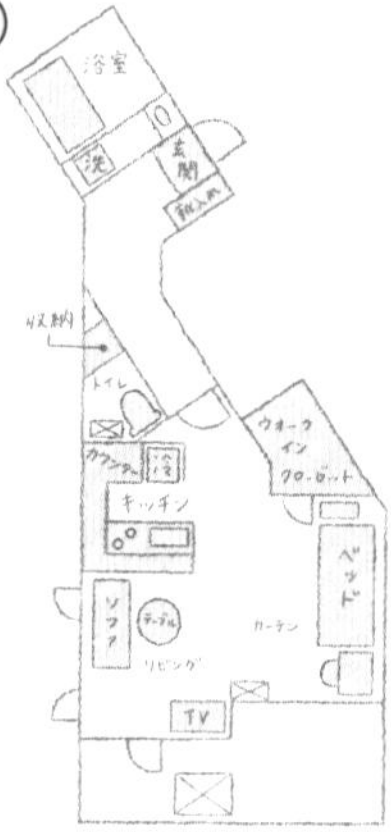

Blog

60代一人暮らし 大切にしたいこと

https://lee3900777.muragon.com/

60代一人暮らし 大切にしたいこと

60代一人暮らし
断捨離と節約をしながらシンプルな生活を目指し楽しいことやお気に入りの物達を綴ります

外食ランチと読了「ヒポクラテスの試練」

2021/01/17 20:44

暖かく晴れた平日休み
戸外の空気をゆっくり吸って
美味しいものも食べたい．．．
在宅勤務日の次男に声を掛け

57歳で退職後、ずっと続けている月12万円生活。私にはちょうど良い額です

ひとり暮らしを始めたのは42歳のとき。24歳で結婚し、2人の息子を産み育て、18年の歳月を経ての別居でした。結婚前は実家暮らしだったので、生まれて初めてのひとり暮らし。以来、23年間ひとり暮らしを続けています。もうすぐ、ひとり暮らしの時期が人生で一番長くなります。

別居後は婚家の近くにアパートを借り、まだ高校生だった息子たちのために、夕食作りに毎日通いました。そんな生活を4年半ほど続け、息子たちが成人したタイミングで正式に離婚しました。

家を出たばかりのときは、手取り月収が20万円に満たない契約社員で、節約節約の日々でした。幸い、その後に正社員となることができ、57歳で退職する頃には、サラリーマンの平均年収ほどのお給料を頂いていました。

でも、節約生活は体にしみついており、また正社員時代は忙しくて会社と家の往復、

お金を使う暇もありませんでした。退職後にパートとして再就職し、手取り月収が10万円ほどになっても、落差をそれほど感じずに暮らしてこられました。

パート勤務になってから年金の出る60歳までは、手取りの10万円でやりくりするようにしていました。ただ、どうしても足が出てしまうことも。そんなときは退職金で補っていました。でもそれは最後の最後、目標は10万円で賄えるようにがんばっていました。

その後は時給が上がって12万円になり、生活費も12万円に上がりました。10万円と12万円、この2万円の差は大きいのです。外食したり洋服を買ったり、好きなものにお金を使える余裕が生まれ、日常に潤いが出ました。

65歳の今は時短勤務となって、手取り月収は8万円ほどに下がりました。でも、企業年金が出ているので、足りない分をあて、生活費は12万円のままです。

毎月の生活費の内訳は以下のとおり。

固定費…6万円（管理費修繕費、固定資産税、水道光熱費、保険、通信費）

毎月の家計簿平均

住まい	30,000
食費	20,000
水光熱費	9,000
交通・通信費	8,800
日用雑貨	4,000
交際費	4,000
美容・衣服	12,000
趣味娯楽	15,000
保険	5,800
医療費	5,000
合計	**113,600**

FMラジオと一体型の、コンパクトなBluetoothスピーカー。YouTubeの音楽を聴いています。レトロなデザインがお気に入り。2300円ほどでした。

朝食はパンとヨーグルト、それにインスタントのコーンスープなど、スープものが定番です。時計代わりにテレビをつけて。ワイドショーとニュースを必ず見ます。

食費…2万円（お菓子含む）
その他…4万円（交際費外食、日用雑貨、洋服など）

まず、毎月確実にかかるマンションの管理費や水道光熱費などの「固定費」を差し引き、残りのお金で生活するという感覚です。

食費は2万円です。よく「少ないですね」と驚かれますが、外食費は含まない金額。基本的に自炊で、職場にはお弁当を持っていきます。

食材は高いものは買わず、ごく質素な料理をつくっています。スーパーやコンビニのレトルト食品や総菜は、ひとり分にちょうど良く、安く済むのでよく買います。果物は高いので、あまり買いません。

休日には息子や友人と外食ランチを楽しんでいます。今は新型コロナウィルスの外出自粛で行かれませんが。普段節約している分、このときは美味しい食事を楽しみたい。私にとって、とても大切な出費です。


10代の頃からおしゃれが大好きで、洋服やバッグも気に入ったものを買いたいけれど、定価ではなかなか手が届かない。そこでヤフオクを長年利用しています。取引回数は出品落札合わせて800回を超えました。今はメルカリも利用します。

ネットオークションでは、新品同然のものが定価の2〜3割の額で購入できます。時には失敗もありますが、店舗で実物を確認してから買うことが多く、だいたい満足のいく買い物ができています。

毎月12万円は、私の生活にちょうど良い金額。節約するところとしっかり使うところのメリハリをつけ、十分満足しています。この金額を維持していこうと思っています。

離婚後、46歳で購入した単身用マンション。65歳の今、自分の城がある大きな安心感

ひとり暮らしを始めた当時に住んでいたアパートは、花屋さんの店舗の2階でした。1K6畳、水道費込みで、家賃は6万2000円。ここには4年半ほど暮らしました。息子たちが成人し、元家に食事をつくりに行く必要がなくなり、正式に離婚しました。今後は息子たちが私のところに遊びに来るだろう。そうなると、この部屋では狭いし、食事をつくってあげるにも、もう少し広いキッチンが良い……。そう思って、引っ越しを考え始めたときに、「そろそろ将来を考えたら」と、近所に住む友人が新築マンションのチラシを持ってきてくれたのです。

マンションを買うなんて考えたこともなかったけれど、そのマンションは単身用で、私でもなんとか住宅ローンを組めそうな金額。それに、今住んでいる部屋からも近いので、生活環境が変わらず、引っ越しもラク。息子たちの家からも近い。最寄り駅から徒歩10分以内というのも好条件。

もともとはリビングと寝室の間に間仕切りがありましたが、取り外し、レースのカーテンを掛けています。床を見せてスッキリと。

当時は、ひとりで年をとったら部屋を借りられないと言われていました。この先引っ越しを繰り返すよりも、今思いきって購入してしまうのもいいかもしれない、と思ったのです。

住宅ローンは35年で組みました。月々の返済額は6万5000円で、ボーナス時にプラス12万円を年2回。

46歳当時、35年のローンは完済時に81歳になってしまいますが、そんなに長く返済し続けるつもりはなく、繰り上げ返済でちょこちょこ元金を減らしていきました。

マンションを購入して6年が経った52歳のとき、元夫の父が亡くなりました。元家で結婚当初から18年間同居し、食事の用意もしていた元舅です。もちろん私に遺産の相続権はありませんが、息子たちが働きかけてくれ、一部をもらい受けることになりました。

このお金の一部を、繰り上げ返済にあてました。そのおかげで、これまでの繰り上げ返済で減っていた元金が、いっそう減りました。

この際、早く返してしまおうと、それから3年後、長男から無利息でお金を少し借り、貯金も使ってローンを完済しました。長男への借金は1～2年で完済。56歳のとき、晴れて無借金の身となりました。

住まいにかかるお金は現在、管理費修繕費、固定資産税で月約3万円のみです。

42㎡の1LDKで、決して広くはありませんが、ひとり暮らしには十分。65歳の今、老後に向けて持ち家のある安心感はとても大きいです。これからもっと年をとって施設に入るようなことになっても、家を売ればお金はつくれるでしょう。息子たちに金銭面で迷惑をかけることもないはず。

あのとき思いきって買っておいてよかったな、がんばってローンを返済してよかったな、とつくづく思います。

60歳を控えた頃に「老前整理」を始め、2年かけて物を減らしました。とくにダイニングテーブルなど、大きくて重い家具は今のうちにと処分。かわりに、テーブルは動かしやすいローテーブルに買い換え、老後に備えています。

今家にあるものは、ずっと使っていきたいと思えるものばかりです。長年生きてきて、自分の好みのテイストもわかり、落ち着く空間にできています。休日はリビングのソファでゴロゴロし、映画を見たりネットサーフィンをしたり、ひとりの時間を満喫しています。

ひとり暮らしがとても楽しく、また慣れてしまったので、この先も可能なかぎりずっとひとりで暮らせたらと思っています。

定年前に、正社員からパート勤務へ転職。先々の計画を練り、貯金を十分つくってから

パート勤めになる前の仕事は、化粧品メーカーの営業職でした。ドラッグストアなどに商品を卸している会社でした。店舗を回って営業し、商品の陳列を行うのが仕事です。本社は関西にあり、関東にも進出するということで、開所したばかりの東京営業所に雇われたのでした。

最初は契約社員でしたが、2年後に正社員に。結果を出した分だけお給料が上がる、実力主義の会社でした。仕事はとても楽しく、また向いていたのか、ありがたいことにチーフに昇進。最終的には所長になりました。

けれども、好きだったのは営業の仕事で、所員の数字を預かる所長の仕事はまったく向いていなかった……。現場に出られずストレスがたまり、責任も重く、つらくて耐えられなくなりました。結局、1年ちょっとで所長の立場から下ろしてもらい、一所員に戻りました。

営業職をしていた頃の手帳。びっしり訪問の予定が入り、仕事仕事の毎日でした。今でも捨てられない思い出の品です。

それが56歳の頃です。後任に関西本社から新しい所長が来ましたが、その人とそりが合わず……。部下が前所長というのも、相手もさぞかしやりづらかったことでしょう。

一営業職に戻っても、以前のように楽しく仕事ができない。そのストレスや所長時代のストレスが原因か、半年経ったとき帯状疱疹になってしまいました。

ちょうどローンを完済して無借金となり、肩の荷が下りた頃でした。

会社を辞めたいという気持ちがわいてきます。辞めた後、暮らしていけるのか……。いろいろシミュレーションした結果、なんとかいけるという結論が出ました。

もともと、贅沢な暮らしはしていませんでした。40代のときは、ボーナスは繰り上げ返済と息子2人の大学の学費にあてており、自分で使ったことはないくらい。

そうした出費も一段落し、老後に向けて貯金に力を入れ始めていました。生活費も、来たる年金生活に照準を合わせて、すでに月12万円でやりくりするようになっていました。

とはいえ、定年まであと3年ほどです。言葉は悪いですが、ちょっと我慢して勤め上げれば、満額の退職金が出るのです。途中退職したときの退職金は、定年時の半分です。また、正社員として働けば年金保険料を払い続けるわけで、年金の額も変わってきます。

それでも退職を決意するほど、心身共に限界に達していたのです。

再就職するなら50代のほうが有利だろうという計算もありました。

60歳で定年退職しても、年金が満額出る65歳までの5年間は、何らかの形で働き続ける必要があります（会社に再雇用制度はありませんでした）。けれども、60歳での求人はとても少ないのです。50代後半なら、まだそれなりの数の求人があり、選ぶこともで

この部屋を購入した18年前に友人が贈ってくれたユッカの樹。今では倍以上の大きさになりました。鉢は昨年の誕生日に、自分へのプレゼントで購入したものです。

きそうでした。

退職を決意してからは、これまで以上に貯蓄に励みました。退職後と老後の生活を考え、これだけ貯めれば辞めてもいいだろうという額を設定。退職金も見込んで貯め、退職に至りました。57歳でした。

再就職先はパート勤務で探しました。そもそも50代で正社員の求人は少ないということもありますが、すでに生活費は月12万円に抑えており、それだけ稼げればいいのです。前職の長時間労働、正社員としての責任の重さに疲れきってもいました。

幸いにも、すぐに勤務先が決まりました。パートとは言っても、週5日・9時5時のフルタイム勤務。自宅からは電車で数駅、通勤時間は30分です。

実際に働き始めてからは……正直に言って、最初の半年は前職を辞めたことを後悔していました（笑）。ずっと正社員で働き、それなりの稼ぎがあったので、「こんなにお給料が少ないのか……」と愕然としたものです。

北欧家具のライティングビューローの上にあるのは、同じく北欧デザインのヤコブソン・ランプ。パイン材で元々は白木でしたが、4年の間にビューローになじむ飴色になってきました。

枕元に置いているライトはビーカンパニーのもの。この明かりのもとでする夜の読書タイムは、大切な時間です。

寝室の天井照明もビーカンパニーのもの。ガラス製です。切り子のような柄なので、ともすと天井や床に柄が映ります。

また、当初の時給は950円で、フルタイムで働いても月の手取りが12万円に届かず、約10万円だったことも後悔した理由です。足りない分は退職金をあてていたのは、先にも書いたとおりです。

でも、2年後に会社の合併により、現在の職場に異動しました。その結果、時給が上がり、手取り12万円に届くようになりました。

また、60歳からは企業年金基金が月5万円出るようになり、家計に余裕が生まれました。でも、生活費を上げることはなく、この5万円は「予備費」として普段は使わず、突発的な出費にあてるようにしています。

正社員時代、老後のために貯めたお金には手をつけていません。退職金も、半分は老後資金に回し、残りもまだ少しあります。

年金が満額出ても、働けるうちは働きたい。週4日の5時間勤務が合っている

この2月で65歳になりました。今も厚生年金に加入しているので、月13万円ほどの年金が満額振り込まれます。

このときに照準を合わせて、50代から月12万円生活にシフトしました。65歳になったら仕事を辞められるよう、貯金には手をつけませんでした。

でも、いざ65歳になってみて……「もう少し働こうかな」という気持ちになっています。

幸い、職場は65歳以降も働き続けられる環境で、70歳のパートさんもいます。

数年前は、60代で毎日満員電車に乗って週5日、朝から夕方まで働き続けるのはきついなあ。辞めて旅行にでもゆっくり行きたいなあと思っていました。でも、今回の新型コロナウィルス下で、思いがけず時短勤務となりました。10時から4時までの実働5時間、また水曜休みの週4日勤務です。これなら、それほど疲れることもなく、今後も続けられそうなのです。

もちろん、勤務時間が減る分、収入はがくっと落ちますが、もともと年金だけで生活するつもりでした。パート収入は丸々余裕資金にできるから、まったく問題ないのです。

これまでは、生活のために働かなければなりませんでしたが、これからはその必要がなくなります。「いつでも好きなときに辞められる」というのは、気持ちにゆとりが出るものです。


それに、今の仕事は楽しいのです。事務職ですが、席に座っていることはほとんどなく、1日中社内を歩き回っています。忙しく働いて体を動かしているのが、性に合っているのでしょう。「パートのおばちゃん」ですが、上司も頼りにしてくれ、それが励みになっています。

だからひとまず、まだ定年はお預けで。仕事は減らしつつも、ゆるゆると続けていかれたらと思っています。

To Live
Happily
Every Day

デザイン	マルサンカク
撮影	上岡エマ
イラスト	kinon
編集担当	水沼三佳子（すばる舎）

ひとり暮らし月15万円以下で 毎日楽しく暮らす

2021年 4月26日　第1刷発行
2021年 5月13日　第2刷発行

編　者――すばる舎編集部
発行者――徳留慶太郎
発行所――株式会社すばる舎
東京都豊島区東池袋3-9-7 東池袋織本ビル　〒170-0013
TEL　03-3981-8651（代表）　03-3981-0767（営業部）
FAX　03-3981-8638
http://www.subarusya.jp/
印　刷――ベクトル印刷株式会社

ISBN978-4-7991-0959-5